KB200069

본
질
에

눈
뜨
다

본질에 눈뜨다

지은이 · 이규현
초판 발행 · 2023. 2. 15
4쇄 발행 · 2025. 2. 14
등록번호 · 제1988-000080호
등록된 곳 · 서울특별시 용산구 서빙고로65길 38
발행처 · 사단법인 두란노서원
영업부 · 2078-3333 FAX 080-749-3705
출판부 · 2078-3331

책 값은 뒤표지에 있습니다.
ISBN 978-89-531-4417-0   03230

독자의 의견을 기다립니다.
tpress@duranno.com   http://www.Duranno.com

두란노서원은 바울 사도가 3차 전도여행 때 에베소에서 성령 받은 제자들을 따로 세워 하나님의 말씀
으로 양육하던 장소입니다. 사도행전 19장 8-20절의 정신에 따라 첫째 목회자를 돕는 사역과 평신도
를 훈련시키는 사역, 둘째 세계선교(TIM)와 문서선교(단행본·잡지) 사역, 셋째 예수문화 및 경배와
찬양 사역, 그리고 가정·상담 사역 등을 감당하고 있습니다. 1980년 12월 22일에 창립된 두란노서
원은 주님 오실 때까지 이 사역들을 계속할 것입니다.

본질에 눈뜨다

힘들수록 강화해야 할 5가지 신앙 핵심

이규헌 지음

Faith Love Gospel Grace Hope

두란노

3장
사랑에   눈뜨다

4장
하나님의 사랑은   참 낯설다

신음이 깊어지고,
혼란이 길어질 때

육안으로는 보이지 않는 미세한 코로나 바이러스로 인해 온 세상이 대혼란을 겪었다. 전면 중단이었다. 사람들은 무기력함에 빠졌다. 거의 3년이라는 긴 터널을 모두가 지나왔다. 우리 주변만 보아도 벼랑 끝으로 내몰린 사람들이 생각보다 많다.

코로나 팬데믹은 일상을 위기 상황으로 내몰며 삶에 급격한 변화를 가져왔다. 기존의 질서가 허물어지면서 불안은 고조되고 출구는 보이지 않는 상태가 생각보다 길었다. 각종 현상을 해석하고 대안을 찾는 전문가들의 분석과 책들이 쏟아졌지만 답답함이 해소되지는 않았다.

이제 사람들은 빠른 회복을 갈망하고 있다. 빨리 일상으로 돌아가고 싶어 한다. 문제는 본래의 자리로 돌아갈 수 없다는 데 있다. 과연 회복은 가능한가? 신앙도 위기다. 교회들의 위기에 대한 대응은 미흡해 보이고 침몰한 신앙은 얼마나 회복될 수 있을까? 질문은 꼬리에 꼬리를 물고 이어진다.

모든 것이 흔들리고 있다. 그토록 견고해 보이던 전통과 가치관도 흔들리고 있다. 개인이 흔들리고 가정도 흔들린다. 신실했던 신앙인도 흔들리고 교회도 흔들린다. 미래에 대한 각종 예측이나 분석들에 귀를 기울이노라면 희망보다 불안감만 더 커질 뿐이다. 일시적인 회복이 아니라 완전한 치유와 회복, 구원이 절실하다. 변화가 가파르고 위기가 심해질수록 마음이 다급해진다. 빠른 해답을 찾는다. 조급할수록 더 미궁에 빠진다.

흔들릴 때는 본질로 돌아가야 한다. 복잡해질수록 기본에 충실해야 한다. 원점으로 돌아가야 한다. 기본기에 충실한 사람은 위기에 강하다. 평소에는 기본을 무시하기 쉽다. 모든 것이 잘 돌아갈 때는 걱정할 것이 없으므로.

그러나 흔들릴 때는 기본에 집중해야 한다. 지진 강도 7에도 흔들리지 않는 건물이 있다. 기초가 탄탄하기 때문이다. 모든 것이 흔들릴 때는 흔들리지 않는 것에 초점을 두어야 한다. 세상에서 흔들리지 않는 것은 없다. 오직 하나님과 우리가 믿는 진리만이 견고하다. 어려운 시대일수록 시선을 한곳으로 모아야 한다. 본질에 눈을 떠야 한다.

시작점은 분명하다. 말씀으로 돌아가는 것이다. 말씀의 재

무장이다. 새로운 것을 찾으면 안 된다. 해 아래 새것은 없다. 새로운 방법이나 묘책을 구하면 더 혼란해진다. 기발한 아이디어로는 안 된다. 어설픈 방법론에 솔깃해지면 더 혼란해진다. 절대 진리를 부정하는 문화적 흐름이 갈수록 거세다. 모호한 진리로는 안 된다. 지금은 선명한 태도를 보여야 할 때다.

진리를 붙들수록 강해진다. 복음이 명료해질수록 침체에서 벗어난다. 하나님의 말씀으로 무장하면 초조할 이유가 없다. 이제 느슨하게 붙잡았던 진리의 깃발을 굳게 붙잡고 흔들어야 할 때다. 말씀으로 돌아가야 한다. 말씀 안에 답이 있고 진리는 모호한 미래를 밝혀 준다.

지금이야말로 새롭게 시작할 때다. 위기 가운데 희망의

불빛이 보인다. 길은 있다. 신앙은 위기의 순간에 빛이 난다. 모두가 끝이라고 할 때 시작점이 있다. 하나님은 살아 계신다. 하나님은 지금도 구원의 역사를 펼쳐 가신다. 역사의 운명은 하나님 손에 달려 있다. 그 어떤 것도 하나님의 주권을 넘어서 영향을 끼칠 수 없다. 절망의 시대일수록 하나님은 소망의 길로 인도하신다.

평소 소중하게 여기며 다루던 주제들이 있다. 믿음, 사랑, 복음, 은혜, 소망이다. 이것을 붙들면 세상을 이길 힘이 생긴다. 절망과 공허를 떨치고 일어날 수 있다. 우리를 짓누르는 상황들 속에서도 위로부터 주어지는 기쁨에 압도될 수 있다. 회복은 나로 인해서가 아니라 내 안에 계신 주님으로 인해서 이루어진다.

이 책의 출판을 위해 수고하신 분들에게 감사를 드리고 싶다. 두란노 출판팀의 수고와 수영로교회 김재덕 목사와 편집팀의 정성 어린 수고에 감사드린다. 특히 코로나 팬데믹 상황에서도 늘 말씀의 자리를 지키는 최고의 청중이자 믿음의 용사들인 수영로교회 성도들에게 감사드린다. 또한 사랑하는 아내와 두 아들과도 출판의 기쁨을 함께 나누고 싶다.

해운대에서
이규현 목사

믿음에
눈뜨다

Faith

믿음은 바라는 것들의
실상이요
보이지 않는 것들의
증거니

° 히 11:1

Faith

사업에 눈을 뜬 사람은 어떻게 하면 돈을 벌 수 있는가를 압니다. 그러나 사업에 눈을 뜨지 못한 사람은 망할 것을 알지 못하고 덤벼듭니다. 이와 마찬가지로 신앙생활에 눈을 뜬 사람은 삶의 모습이 다릅니다. 삶이 다릅니다. 본래 우리는 영적으로 눈먼 사람이었습니다. 눈이 있어도 볼 수 없었고, 귀가 있어도 들을 수 없었습니다. 선지자들은 사람들이 눈이 있어도 보지 못하고, 귀가 있어도 듣지 못하는 것으로 인해 고통스러워했습니다.

영적으로 눈이 먼 것은 심각한 일이요, 치명적인 일입니다. 영적으로 눈먼 사람은 하나님을 볼 수 없습니다. 영의 세계를 볼 수 없습니다. 하나님을 보지 못하고, 영의 세계를 보지 못하면, 자신이 누구인지 알지 못합니다. 보아야 할 것을 보지 못하기 때문에 삶이 혼란스럽습니다. 하나님을 보지 못하는 사람은 하나님께서 보여 주시는 것을 보지 못합니다. 성경을 읽어도 문자로 읽을 뿐 성경 속에서 하나님의 계시를 발견하지 못합니다. 하나님의 사랑을 알지 못합니다.

보는 것이 능력입니다. 똑바로 보는 것이 능력입니다. 그런데 보았다고 이해하는 것은 아닙니다. 죄는 빛을 차단합니다. 죄는 우리의 눈을 가려 우리가 똑바로 보지 못하게 합니다. 우리는 죄성으로 인해 똑바로 볼 수 없습니다. 사물을 보지만 올바르게 볼 수 없습니다. 보아야 할 것을 올바르게 보지 못하기 때문에 불행합니다.

요한복음 3장에서 니고데모가 밤에 예수님을 찾아옵니다. 니고데모는 유대인의 지도자이며 당대 지성인이었습니다. 그런데 그는 영적으로 눈을 뜨지 못하여 예수님의 말씀을 전혀 이해하지 못했습니다. 바울은 사도행전 9장에서 다메섹으로 가는 길에 예수님을 만났습니다. 이때 하늘로부터 비춘 빛으로 인해 잠시 아무것도 볼 수 없게 되었습니다. 바울은 아나니아를 통해 눈에서 비늘 같은 것이 벗겨진 후에야 볼 수 있었습니다. 이것은 바울이 예수님을 만나고 나서 철저히 새로운 세계에 눈을 뜬 것을 의미합니다. 이전에 경험한 세계가 비늘처럼 그의 눈을 어둡게 하였습니다. 바울은 예수님을 만난 뒤 새롭게 태어났습니다. 새롭게 태어났다는 것은 눈을 뜬 것을 의미합니다.

세상은 죄로 인해 심각하게 깨어졌습니다. 세상에는 절망이 가득합니다. 절망이 가득한 세상에서 사람들은 신음하고 탄식합니다. 위기의 시대를 살아가는 우리가 주목할 것은 본질입니다. 한국 교회는 본질에 집중해야 합니다. 본질에 충실한 사람이 승리합니다. 본질은 뿌리를 의미합니다. 뿌리가 약하면 쉽게 흔들립니다. 바람에 나는 겨와 같습니다. 그러나 뿌리가 강하면, 강풍이 불어도 흔들리지 않습니다. 뿌리가 중요합니다. 지금은 본질을 확인해야 합니다. 본질을 강화해야 합니다. 힘들고 어려운 때일수록 본질에 집중해야 합니다.

무엇을 믿습니까?
왜 믿습니까?

오늘날 믿음이 없어도 교회에 다니는 사람이 많습니다. 이런 사람들을 가리켜 '유사 그리스도인'이라고 합니다. 이처럼 하나님을 믿지 않아도 교회에 다닐 수는 있습니다. 믿음 없이 교회에 다니는 사람들은 교회에 열심히 다니는 것,

1장 믿음에 눈뜨다

교회에서 활동하는 것을 믿음이라고 생각합니다.

믿음은 삶에 큰 영향을 끼칩니다. 믿음은 우리의 삶을 압도합니다. 그러므로 믿음을 가볍게 생각해서는 안 됩니다. 믿음은 하루아침에 생기지 않습니다. 신앙생활을 계속하는 가운데 조금씩 자랍니다.

그런데 무엇을 믿습니까? 왜 믿습니까? 어떻게 믿는 것이 잘 믿는 것입니까?

믿는 대상은 믿는 사람과 깊이 연관되어 있습니다. 비인격적인 것을 믿는 사람은 인격성과 도덕성을 갖출 수 없습니다. 우리는 인격적인 하나님을 믿습니다. 우리는 하나님의 인격을 신뢰합니다. 우리가 믿는 하나님은 추상적인 하나님이 아닙니다. 하나님께서는 우리를 아십니다. 하나님께서는 우리가 앉고 일어서는 것을 아십니다.

하나님을 의지하는 것, 하나님을 신뢰하는 것이 믿음입니다. 믿음은 하나님과 우리의 관계를 특별하게 합니다. 믿음이 없는 사람은 자기 열심으로 삽니다. 오기로 삽니다. 배짱으로 삽니다. 그러나 믿음의 사람은 하나님을 철저히 의존합니다. 자기 힘으로는 구원받을 수 없다는 것을 인정합니다.

하나님께서 금하신 선악을 알게 하는 나무의 열매를 사람이 따먹음으로 하나님과 사람의 관계가 깨어졌습니다. 그런데 예수님께서 십자가에 못 박혀 죽으심으로 하나님과 우리의 원수 되었던 관계가 회복되었습니다. 십자가는 우리가 구원받는 길을 열어 놓은 사건입니다.

믿음에 눈을 뜨려면, '나는 무엇을 믿는가'를 스스로 질문해야 합니다. 믿음의 대상이 분명해야 합니다. 대상이 분명하지 않은 믿음은 미신입니다. 미신은 믿음의 대상이 모호합니다. 대상에 대한 확신이 없습니다. 우리는 믿음을 통해 하나님과 관계를 맺습니다. 하나님과의 관계가 가까워지는 것이 믿음이 자라는 것입니다. 그러므로 믿음에는 과정이 필요합니다. 믿음의 과정에서 의심이 생길 수도 있습니다. 그런데 믿음의 과정에서 생기는 의심은 나쁜 것이 아닙니다.

예수님의 제자 도마는 예수님이 부활하셨다는 소식을 듣고도 믿지 않았습니다.

> "내가 그의 손의 못 자국을 보며 내 손가락을 그 못 자국에 넣으며 내 손을 그 옆구리에 넣어 보지 않고는 믿지 아니하겠노라"
> 요 20:25

도마는 자신이 경험한 것만 믿는 실증주의자였습니다. 제자들이 부활하신 예수님을 만났다고 말해도 도마는 믿지 않았습니다. 도리어 제자들을 이상하게 여겼습니다. 믿음이 없는 사람은 믿음의 사람들의 행동을 이해하지 못합니다. 믿음의 사람들을 비현실적이라고 생각합니다.

이처럼 믿음으로 사는 것과 현실은 다를 때가 많습니다. 현실을 살아가는 우리에게 현실은 무시할 수 없는 실존입니다. 사람들은 경험의 세계 안에 머물러 있으려고 합니다. 자신이 경험한 것과 맞지 않으면 받아들이려 하지 않습니다. 하지만 믿음은 경험과 상식을 뛰어넘는 일이며 모험이 필요한 일입니다.

누가복음 5장에서 베드로는 밤새도록 수고하였지만 물고기를 한 마리도 잡지 못한 채 그물을 씻고 있었습니다. 그런 베드로를 예수님이 찾아와 "깊은 데로 가서 그물을 내려 고기를 잡으라"(눅 5:4)고 말씀하셨습니다. 베드로는 경험 많은 어부였습니다. 베드로에게 예수님의 말씀은 상식에 어긋난 것이었습니다. 비전문가인 예수님의 요구는 전문가인 베드로에겐 뭘 모르고 하는 훈수 같은 것이었습니다. 그러니 베드로는 예수님의 말씀을 무시하고 집으로 갈 수 있었습니다. 하지만 베드로는 무시하지도 않았고 예수님의 터무니없는 요구에 논쟁을 벌이지도 않았습니다.

"선생님 우리들이 밤이 새도록 수고하였으되 잡은 것이 없지마는 말씀에 의지하여 내가 그물을 내리리이다" 눅 5:5

베드로는 예수님의 말씀이 자기로서는 받아들이기 어려운 것이었으나 그대로 따랐습니다. 상식과 경험의 세계를 뛰어넘은 것입니다. 이것이 믿음입니다. 믿음의 사람은 상식과 경험의 세계를 뛰어넘습니다.

세상은 정보와 분석, 검증을 통해 움직입니다. 계산이 딱 딱 맞아야 움직입니다. 수치가 정확해야 합니다. 이런 세상의 이치를 거스르고 믿음으로 사는 일은 무모할 수 있습니다. 하지만 무모한 일을 함으로써 우리는 믿음의 훈련을 하게 됩니다.

다윗은 물맷돌 다섯 개를 가지고 골리앗 앞으로 나아갔습니다. 다니엘은 왕 외의 어떤 신에게든 절하면 사자 굴에 던져진다는 것을 알고도 예루살렘으로 향한 창문을 열고 하루에 세 번씩 무릎을 꿇고 기도했습니다. 세상의 눈으로 보면 다윗도 다니엘도 참으로 무모한 사람들입니다. 현실을 무시하는 무모한 사람들입니다. 하지만 예수님은 말씀하십니다.

"예수께서 이르시되 너는 나를 본 고로 믿느냐 보지 못하고 믿는

자들은 복되도다 하시니라" ㅇ요 20:29

자기가 경험한 것만 믿겠다는 도마에게 예수님은 믿음의
눈을 뜨라고 말씀하십니다. 믿음의 눈을 뜨지 못하면 자기
세계에 갇혀 버립니다. 눈으로 보는 것이 전부가 아닙니다.
그리고 눈으로 본 그것이 완전하지도 정확하지도 않습니다.
사람은 자기 눈을 속이면서까지 보고 싶은 것만 보려고 하
기 때문입니다.

믿는 사람도 영안이 열리지 않으면 세상 사람과 다를 바
가 없습니다. 영적인 눈이 감겨 있으면 본 것만 믿게 되고 보
고 싶은 것만 보게 됩니다. 아무리 현실 감각이 뛰어난 사람
도 영안이 열리지 않으면 새로운 세계를 경험하지 못합니다.
그 뛰어난 현실 감각이 믿음의 눈을 방해할 뿐입니다.

믿음에 눈을 뜨면 삶이 확장됩니다. 믿음에 눈을 뜬 사람
에게 현실만 보는 사람은 상대가 되지 않습니다. 사물을 보
는 관점, 사건을 해석하는 관점이 다르기 때문입니다. 출세
가 목표이고 그것만이 중요한 사람은 하나님 나라의 관점으
로 살아가는 사람을 이해할 수 없습니다. 삶이 다를 수밖에
없습니다. 믿음에 눈을 떠야 합니다. 믿음에 눈을 뜰 때 믿음
이 자랍니다.

삶은 저절로 확장되지 않습니다. 집이 넓다고 삶이 넓어지는 것이 아닙니다. 돈이 많다고 삶이 풍성해지는 것이 아닙니다. 믿음이 자라야 삶이 확장됩니다. 믿음이 자라야 삶이 풍성해집니다. 그러므로 믿음이 자라는 것이 우선되어야 합니다.

믿음에 눈을 뜨면 한계를 뛰어넘습니다. 믿음을 가지면 생각의 폭이 넓어집니다. 믿음의 사람은 폐쇄적으로 살지 않습니다. 믿음은 도약하게 합니다. 믿음은 상상의 나래를 펴게 합니다. 이처럼 믿음은 우리 안에서 많은 일을 합니다.

믿음을 어떻게 훈련합니까?
믿음의 능력은 무엇입니까?

예수님이 부활하셨다는 소식을 들었을 때, 도마가 믿음으로 반응했다면 얼마나 좋았을까요? 누구도 부활을 본 적이 없었습니다. 도마가 죽었다가 다시 살아나는 것이 불가능하다고 생각한 것은 어쩌면 당연했습니다. 그런데 예수님은 부활하셨습니다. 예수님은 십자가에 못 박혀 죽으시고 장사되셨다가 3일 만에 다시 살아나셨습니다.

믿음을 어떻게 훈련합니까? '하나님께서 여기 계시다면 어떻게 하실까'를 생각하는 것입니다. 무엇을 하든 '하나님이시라면 어떻게 하실까'를 생각하는 것입니다. 우리의 능력과 재주는 한계가 있습니다. 아무리 최선을 다해도 사람의 능력과 재주로 할 수 없는 일이 있습니다. 그러므로 우리는 하나님을 신뢰해야 합니다. 우리가 하나님을 신뢰할 때 놀라운 일이 벌어집니다. 차원이 다른 일이 일어납니다. 하나님께서 일하십니다.

삶이 달라지기를 원하십니까? 믿음에 눈을 떠야 삶이 달라집니다. 믿음에 눈을 뜨려면, 어떻게 해야 합니까?

"그러므로 믿음은 들음에서 나며 들음은 그리스도의 말씀으로 말미암았느니라" 롬 10:17

하나님의 말씀을 들어야 합니다. 하나님의 말씀을 듣지 않으면 믿음이 생길 수 없습니다. 진리를 알기 원하는 사람은 끊임없이 질문합니다. 말씀을 듣다 보면 질문이 생깁니다. 무조건 믿으라 하십니까? 무조건 믿으면 믿음이 허약해질 수 있습니다. 하나님의 말씀을 통해 답을 발견할 때, 우리의 믿음이 자랍니다. 하나님의 말씀을 들을 때, 믿음이 활성

화됩니다.

말씀에 대한 반응은 사람마다 다를 수 있습니다. 깊이 확신하는 사람이 있는가 하면, 마음으로 감동하는 사람도 있습니다. 하나님의 음성을 듣는 사람이 있는가 하면, 하나님의 임재를 경험하는 사람도 있습니다. 그러므로 하나님의 말씀을 지속적으로 들어야 합니다. 하나님의 말씀에 귀 기울일 때, 성령께서 역사하십니다. 우리의 믿음이 자랍니다.

하나님의 말씀을 계속해서 듣지 않으면, 우리는 본래의 모습으로 돌아갑니다. 눈에 보이는 것에 급급합니다. 불신앙에서 비롯된 생각이 우리 안에 들어옵니다. 사탄이 우리 영혼에 가라지를 뿌립니다.

"이는 우리가 믿음으로 행하고 보는 것으로 행하지 아니함이로라"○고후 5:7

하나님의 말씀을 듣되 진지하게 들어야 합니다. 하나님의 말씀을 청종하는 것을 훈련해야 합니다. 세상은 눈에 보이는 것이 전부라고 생각해서 영적 세계를 부정하나, 믿음으로 사는 사람은 눈에 보이는 것을 따라 살지 않습니다. 눈에 보이지 않는 것이 눈에 보이는 것보다 크다는 것을 압니다. 그래서 믿음의 사람은 세상 사람들과 전혀 다른 모습으로 삽니다.

"믿음으로 모든 세계가 하나님의 말씀으로 지어진 줄을 우리가 아나니 보이는 것은 나타난 것으로 말미암아 된 것이 아니니라"
히 11:3

믿음에 눈을 뜬 사람은 하나님께서 창조하신 이 세상을 그냥 보지 않습니다. 꽃을 보면서도 하나님을 경험합니다. 곤충을 보면서도 하나님의 손길을 느낍니다. 하나님께서 창조하신 것에는 하나님의 성품이 깃들어 있습니다. 하나님의 지혜와 영광이 드러나 있습니다. 하나님께서 창조하신 것에는 하나님의 의도와 목적이 숨겨 있습니다. 믿음의 눈을 뜬 사람은 모든 피조물에서 하나님의 계획을 발견할 수 있습니다. 하나님의 신묘막측한 창조 세계를 발견하게 됩니다. 그러므로 눈에 보이는 것으로 판단하지 마십시오. 눈에 보이지 않는 것을 중요하게 여기며 그것을 통해 세상 보기를 구해야 합니다.

믿음의 사람은 눈에 보이지 않는 것이 눈에 보이는 것보다 더 확실하고 분명하다는 것을 믿습니다. 믿음의 사람은 눈에 보이는 것에 제한받지 않습니다. 눈에 보이는 것에 얽매이지 않습니다. 하나님께서 역사하시는 것을 경험합니다. 믿음에 눈을 뜬 사람은 미래를 지향하며 미래를 볼 수 있습니다. 이것이 현실을 무시해도 좋다는 것으로 이해되면 안 됩니다. 눈에 보이는 현실을 전부라고 생각해선 믿음으로 살 수 없다는 것을 말하는 것입니다.

> "우리가 주목하는 것은 보이는 것이 아니요 보이지 않는 것이니
> 보이는 것은 잠깐이요 보이지 않는 것은 영원함이라" ○고후 4:18

우리 눈에 보이는 것은 잠깐이라고 합니다. 언젠가 사라질 것들입니다. 영원한 것은 눈에 보이지 않는 것입니다. 우리가 추구할 것은 바로 영원한 것입니다. 믿음의 사람은 멀리 봅니다. 믿음의 사람은 영원한 것을 추구합니다.

파도를 가까이에서 보면 멀미가 나듯이 눈앞에 벌어진 상황을 보면 낙심할 수밖에 없습니다. 그러나 멀리 보면 더 멀리 나아갈 수 있습니다. 눈에 보이는 지금이 전부라고 생각하면 절망할 수밖에 없습니다. 그러나 미래를 추구하는 사람은 눈앞의 현실에 절망하지 않습니다. 현실의 벽에 부딪쳐 쉽게 포기하지 않습니다. 그러므로 미래를 보는 것이 능력입

니다. 멀리 보는 것이 능력입니다.

순종을 통해
믿음이 여물어 갑니다

"믿음이 없어 하나님의 약속을 의심하지 않고 믿음으로 견고하여 져서 하나님께 영광을 돌리며 약속하신 그것을 또한 능히 이루실 줄을 확신하였으니" 롬 4:20-21

아브라함은 후손에 대한 하나님의 약속을 믿었습니다. 100세에 자녀를 갖는다는 것은 사람의 생각으로는 불가능한 일입니다. 그러나 아브라함은 하나님의 약속을 믿었습니다. 믿음은 하나님의 약속을 믿는 것입니다. 하나님의 말씀은 하나님의 약속입니다. 하나님의 약속을 붙잡고 순종하는 사람은 믿음의 눈을 뜹니다. 그러므로 우리는 하나님께서 약속하신 것은 반드시 이루어진다는 것을 분명하게 믿어야 합니다. 아브라함은 하나님의 약속을 믿었기 때문에 고향과 친척과 아버지의 집을 떠날 수 있었습니다. 믿음의 사람은 하나님의 약속을 믿을 뿐 아니라 하나님의 약속이 반드시 이루어질 것을 믿고 행동합니다.

믿음의 사람은 구체적으로 반응합니다. 믿음에 눈을 뜬 사람은 구체적으로 행동합니다. 순종을 통해 믿음이 여물어 갑니다. 예수님께서 삭개오에게 "내가 오늘 네 집에 유하여 야 하겠다"(눅 19:5) 하셨을 때, 삭개오는 즐거워하며 예수님을 집으로 영접했습니다. 삭개오는 예수님을 믿고 구원받았습니다. 뿐만 아니라 소유의 절반을 가난한 자들에게 나누어 주었습니다. 믿음의 사람은 순종할 수 있습니다. 삭개오는 소유의 절반을 가난한 사람들에게 나누는 순종을 통해 그의 믿음을 증명해 보였습니다. 순종은 우리의 믿음이 어떠한지를 알려 주는 바로미터입니다.

말씀을 묵상하는 것으로는 충분하지 않습니다. 묵상한 말씀을 삶 속에서 적용해야 합니다. 말씀대로 살아야 합니다. 그때 살아 있는 믿음의 사람이 됩니다. 오늘날 많은 신앙인이 하나님의 말씀을 듣고 아는 것으로 만족합니다. 이것이 문제입니다. 믿음이 약하다는 것은 믿음이 피상적이라는 의미입니다. 믿음의 실체를 아직 경험하지 못한 것입니다. 하나님의 말씀을 경험해야 합니다.

하나님의 말씀을 경험하려면, 하나님의 말씀대로 순종해야 합니다. 하나님의 말씀대로 행동해야 합니다. 하나님의 말씀대로 순종할 때, 그 말씀이 심령에 뿌리내립니다. 하나님의 말씀이 깊이 뿌리내릴 때, 믿음이 자랍니다. 믿음이 커집니다. 믿음이 강해집니다. 하나님의 말씀을 현실에 적용하지 못한다면 공허한 신앙생활을 하고 있는 것입니다. 아직 믿음이 뿌리내리지 못했다는 증거입니다.

삶 속에서 말씀을 적용한 경험이 쌓여야 합니다. 하나님의 말씀이 진리인지 아닌지 경험하지 않으면, 신앙생활이 공허할 수밖에 없습니다. 피상적으로 신앙생활할 수밖에 없습니다. 아무리 오래 신앙생활을 했어도 변화가 없다면 피상적인 믿음을 가진 것입니다. 무엇을 믿는지, 어떻게 믿는지를 알지 못하는 사람입니다. 그런 사람은 믿음과 삶이 분리될 수밖에 없습니다.

하나님의 말씀대로 살아 보아야 합니다. 하나님의 말씀에 의지하여 깊은 데로 가서 그물을 내려 보아야 합니다. 삶의 현장에서 하나님의 말씀을 경험해야 합니다. 하나님의 약속인 하나님의 말씀을 믿어야 합니다.

위기가 닥치면 문제만 붙잡을 때가 있습니다. 살다 보면 미래가 멀게 느껴져 현실에 급급해할 때가 많습니다. 그러나 믿음의 사람은 하나님의 약속을 의심하지 않습니다. 사람의 약속은 막연한 것이 많습니다. 지키고 싶어도 지킬 수 없는 것도 있습니다. 그러나 하나님의 약속은 막연하지 않습니다. 하나님의 약속은 분명합니다.

"이스라엘의 지존자는 거짓이나 변개함이 없으시니 그는 사람이 아니시므로 결코 변개하지 않으심이니이다 하니" 삼상 15:29

하나님은 거짓이 없습니다. 변덕을 부리시지 않습니다. 약속하신 것을 후회하시지 않습니다. 하나님의 약속에 대한 우리의 태도가 믿음입니다. 아직 이루어지지 않았지만, 장차 이루어질 것을 믿는 것이 하나님의 약속을 믿는 자의 태도입니다.

삶이 왜 힘듭니까? 미래가 불투명하기 때문입니다. 장래에 대한 기약이 없기 때문입니다. 현재의 삶이 힘들어서 위기가 아닙니다. 현재의 삶도 힘든데, 미래도 보이지 않으니 삶이 힘든 것입니다. 앞이 캄캄하니 고통스럽고 우울증에 걸리는 것입니다. 만약 미래가 확실하면, 오늘 힘들어도 최선을 다할 수 있습니다. 미래가 보이지 않기 때문에 오늘이 마지막이 되는 겁니다.

확실하신 분이 약속한 것을 믿는 자가 신자입니다. 신자는 하나님의 약속을 신뢰합니다. 하나님의 약속은 미래에 대한 것이지만, 그 약속이 이루어진 것처럼 믿는 것이 믿음입니다. 믿음이 좋은 사람은 시력이 좋습니다. 미래를 앞당겨 보는 눈이 있습니다. 하나님의 약속은 하나님의 때에 이루어집니다. 하지만 그때를 내 마음대로 정하다 보니 조급해지고 불신앙에 빠지는 것입니다. 그러므로 하나님의 때를 기다리는 것이 믿음입니다. 하나님을 신뢰하는 사람은 하나님의 때를 기다립니다.

믿음은 빚어지고
단련됩니다

"믿음은 바라는 것들의 실상이요 보이지 않는 것들의 증거니"
히 11:1

믿음의 사람은 미래의 약속을 실제처럼 봅니다. 오늘은 하나님께서 우리에게 허락하신 날입니다. 믿음의 사람은 하나님께서 허락하신 오늘의 현실 속에서 일하시는 하나님을 신뢰하며 삽니다. 믿음은 추상적인 개념이 아닙니다. 철학도 사상도 아닙니다. 믿음은 삶 속에서 경험하는 것입니다. 믿음은 오늘을 살게 하는 힘입니다.

"무릇 하나님께로부터 난 자마다 세상을 이기느니라 세상을 이기
는 승리는 이것이니 우리의 믿음이니라" 요일 5:4

우리가 하나님께 속해 있으면, 하나님께서 우리를 응원하
십니다. 하나님께서 우리를 지지하십니다. 하나님께서 우리
를 이기게 하십니다. 하나님께 속한 사람은 믿음으로 삽니
다. 믿음의 삶을 통해 하나님께 속한 사람인 것을 알 수 있습
니다.

우리는 하나님의 실력으로, 하나님의 능력으로 이깁니다.
우리의 힘으로 이기는 것이 아닙니다. 믿음은 우리가 어디에
속해야 이기는가를 알게 합니다. 믿음은 우리를 하나님께 붙
어 있게 합니다. 하나님께 붙어 있으면, 우리는 이깁니다. 힘
들고 어렵고 눈에 보이는 것이 없어도, 하나님께 붙어 있는
것이 믿음입니다.

"나는 선한 싸움을 싸우고 나의 달려갈 길을 마치고 믿음을 지켰
으니" 딤후 4:7

믿음이 있다고 탄탄대로를 달리는 것이 아닙니다. 우리를 위협하고 공격하며 믿음을 흔드는 일이 많습니다. 사도 바울도 무수한 공격 앞에서 흔들릴 때마다 자신의 믿음을 지켰다고 말하고 있습니다. 믿음을 지키기 위해 선한 싸움을 했다고 말합니다. 하나님 외에는 답이 없다는 것을 알기에 바울은 하나님을 붙들었습니다. 위기일수록 믿음은 그 진가를 발휘합니다.

믿음에 눈을 뜨지 못한 사람은 세상이 흔드는 대로 흔들립니다. 세상을 붙잡고 있기 때문입니다. 그러나 믿음의 사람은 하나님을 붙잡고 있기에 세상이 흔들어도 흔들리지 않습니다. 이 세상에는 우리가 붙들 것이 없습니다. 우리가 붙들 것은 오직 하나님뿐입니다.

믿음은 나의 믿음이어야 합니다. 믿음이 좋은 가족이 있어도 소용없습니다. 명망 있는 목회자가 있는 교회에 다닌다고 저절로 믿음이 생기지 않습니다. 믿음은 일상의 삶에서 크고 작은 일들을 겪으며 하나님의 어떠하심을 깨닫는 가운데 빚어집니다. 오랜 시간에 걸쳐 믿음은 빚어지고 단련되는 것입니다. 그렇게 단련된 우리의 믿음은 하나님의 때에 빛을 발하게 됩니다. 하나님의 때에 우리를 이기게 하실 것입니다.

믿음은 복된 선물입니다. 믿음이 구체화되고 확실해질 때, 우리는 담대해집니다. 쉽게 좌절하지 않습니다. 무너지지 않습니다. 믿음으로 충분한 삶을 살게 됩니다. 내 힘을 빼고 하나님을 의지하는 것이 믿음입니다.

믿음은 하나님과 결합되는 것입니다. 하나님의 능력이 우리 안에 임하는 것입니다. 신자는 오직 믿음으로 삽니다. 믿음이 필요할 때 우리가 할 일은 믿음의 힘을 기르는 것입니다. 믿음의 힘은 하나님을 의지할 때 생깁니다. 하나님의 약속을 굳게 붙잡을 때 생깁니다. 내 힘으로는, 내 능력으로는 세상을 이기지 못합니다. 하나님이 함께하셔서 그분의 능력으로 우리는 능히 세상을 이길 수 있습니다. 하나님의 약속을 붙잡고 훨훨 날아오르십시오. 믿음의 증인이 되십시오.

믿음에 눈을 뜬 사람은
세상이 아무리 흔들어도
흔들리지 않습니다.
하나님과 결합되어
하나님의 능력이
우리 안에 임하기 때문입니다.

2장

믿음은
차원을 바꾼다

Faith

믿음으로 모든 세계가
하나님의 말씀으로
지어진 줄을
우리가 아나니
보이는 것은
나타난 것으로 말미암아
된 것이 아니니라

◦ 히 11:3

Faith

믿음의 사람은
다른 차원의 세계를 봅니다

지금의 삶을 바꾸고 싶다는 사람이 많습니다. 그런데 삶
을 바꾸려면, 삶의 차원을 바꾸어야 합니다. '차원'이라는 말
은 물리학에서 많이 사용합니다. 선은 1차원입니다. 면은
2차원이고 공간은 3차원입니다. 우리는 3차원의 세계에서
살고 있습니다. 4차원은 시공간의 개념을 뛰어넘은 세계입
니다. 3차원의 세계에서는 4차원의 세계가 보이지 않습니다.
성경에는 3차원의 세계에 사는 우리로선 이해할 수 없는
4차원적 사건이 나옵니다. 홍해가 갈라지고 베드로가 물 위
를 걸으며 오병이어의 기적 등이 그것입니다. 영의 세계는
물리학의 영역이 아니므로 설명할 수도 증명해 보일 수도

없습니다. 하나님은 우리와 다른 차원의 존재입니다. 우리는 하나님을 볼 수 없습니다. 그런 하나님을 믿는 일은 차원을 넘어서는 눈을 갖는 것과 같습니다. 3차원에서 4차원을 보는 눈입니다.

4차원의 세계에서는 3차원의 세계를 볼 수 있지만, 3차원의 세계에서 4차원은 미지의 세계입니다. 설명할 수 없습니다. 그래서 차원이 다르다고 말합니다. 하지만 보이지 않을 뿐이지 4차원이 존재하지 않는 것은 아닙니다.

사도 요한은 밧모 섬에서 유배 생활을 했습니다. 그곳에서 요한은 새 하늘과 새 땅을 보았습니다. 미래에 이루어질 나라를 보았습니다. 3차원의 세계가 아닌, 전혀 다른 세계를 보았습니다. 믿음은 우리의 눈을 바꾸어 놓습니다. 전혀 다른 것을 보게 합니다. 이전에는 보이지 않던 것을 보게 합니다. 참으로 놀라운 일입니다.

눈에 보이는 것은 눈에 보이지 않는 것에 의해 움직입니다. 사람들은 눈앞에 나타나는 현상만 봅니다. 물질계가 전부라고 생각합니다. 그러나 믿음의 눈으로 보면 물질계는 일부에 불과합니다. 우리 눈은 사실 보지 못하는 것이 더 많습니다. 우리 눈의 한계입니다. 이것을 인정해야 합니다.

믿음으로 하나님의 말씀을 들으면, 영의 귀가 열립니다.

말씀의 이치를 깨닫습니다. 말씀 속에 있는 하나님의 의도를 깨닫습니다. 하나님의 마음을 알게 됩니다. 하나님의 말씀 안에는 어마어마한 하나님의 세계가 있습니다. 그러므로 영이 열린 사람과 그렇지 않은 사람은 하나님의 말씀을 듣는 것이 다릅니다.

요한복음 3장에는 유대인의 지도자 니고데모가 나옵니다. 그는 당대 최고의 지성을 갖춘 지도자였습니다. 하지만 예수님이 거듭남에 대해 말씀하셨을 때, "사람이 늙으면 어떻게 날 수 있사옵나이까 두 번째 모태에 들어갔다가 날 수 있사옵나이까"(요 3:4) 하고 엉뚱한 소리를 했습니다. 이것이 지성의 한계입니다. 최고의 지성인이라도 영의 세계를 이해할 수 없습니다. 지식은 지식이요, 지성은 지성에 불과합니다. 지성으로는 하나님을 알 수 없습니다. 지성의 세계와 영성의 세계 사이에는 거대한 담이 있습니다.

창세기 1장 1절의 말씀은 매우 중요합니다.

"태초에 하나님이 천지를 창조하시니라"

믿음을 가진 사람은 이 말씀을 그대로 받아들입니다. 하나님께서 이 세상을 창조하지 않으셨다면, 누가 이 세상을 창조했겠습니까. 믿음을 가진 사람은 하나님을 인정합니다. 천지와 만물은 분석해서 믿어지는 것이 아닙니다. 누가 분석할 수 있습니까? 하나님을 분석할 수 있습니까? 하나님을 믿으면, 하나님께서 하신 일이 저절로 믿어집니다. 창조의 신앙으로 보면, 모든 것이 당연하게 느껴집니다.

우주 만물 하나하나를 통해 하나님을 경험할 수 있습니다. 하늘의 무수한 별을 보며 하나님의 능력을 느낍니다. 영적 세계는 믿음으로 받아들여야 합니다. 믿음으로 하나님을 받아들이면, 눈이 열립니다. 하나님께서 만드신 세상과 그분의 창조 원리와 이치를 이해할 수 있습니다. 믿음을 가진 사람은 쉽게 이해할 수 있는데, 믿음이 없는 사람은 이해할 수 없습니다.

믿음이 없는 사람은 자신의 경험과 지식의 세계에 갇힙니다. 자신이 경험한 것 이상을 받아들이지 않습니다. 그런데 우리가 경험하는 세계, 우리의 머리로 이해하는 세계는 매우 좁습니다. 참으로 경험이 많은 사람은 자신이 경험한 것을 쉽게 말하지 않습니다. 많은 것을 경험했지만, 자신이 알지 못하는 것이 있다는 것을 알기 때문입니다.

믿음의 여정에서 우리는 우리에게 보이는 것이 전부가 아님을 인정해야 합니다. 우리가 보는 것, 우리가 아는 것, 우리가 경험한 것은 일부분에 불과합니다. 그러므로 믿음은 우리가 가진 생각을 깨뜨립니다. 전장에서 골리앗을 본 이스라엘 사람들은 무서워 감히 나서지 못하고 숨을 죽였습니다. 크면 강하다고 생각하기 때문입니다. 거인을 대적할 수 없다는 고정관념에 사로잡혔기 때문입니다. 하지만 다윗은 고정관념이 없었습니다. 평소 양을 지키기 위해 물맷돌로 사자를 물리친 다윗에게 골리앗은 아주 큰 표적에 불과했습니다. 다윗은 믿음으로 골리앗과 맞섰습니다. 믿음의 눈을 가진 다윗에게 골리앗은 허상이지 실상이 아니었습니다.

믿음이 없으면 고정관념에 사로잡힙니다. 믿음이 없으면 허상을 보고 부들부들 떱니다. 스스로 속습니다. 주위를 보면 우리를 두렵게 하는 것이 많습니다. 믿음 없이 살면 늘 속습니다. 허상에 속습니다. 허상에 속을 때 두려움을 느낍니다.

신자는 믿음의 눈으로 볼 수 있어야 합니다. 믿음의 세계 안에서 이전에 보지 못하던 것을 볼 수 있어야 합니다. 은사주의는 눈에 드러난 현상에만 집중합니다. 영적 체험이 중요하지만, 체험한 것이 전부는 아닙니다. 하나님의 세계는 체험으로만 설명할 수 없습니다. 현상적인 것만으로 하나님을 표현할 수 없습니다. 신앙의 세계에는 설명할 수 없고 표현할 수 없는 것이 많습니다. 신앙의 세계에서 눈에 보이는 것은 일부에 불과합니다. 믿음으로 보는 세상이 세상의 참모습입니다. 믿음이 자랄수록 세상을 정확하게 볼 수 있습니다. 믿음이 자랄수록 사물과 사건을 바르게 해석하고 판단할 수 있습니다.

믿음이 없는 사람은 하나님께서 창조하신 창조물 자체만 봅니다. 눈에 보이는 것만 연구합니다. 그것을 만드신 분의 세계를 보지 못합니다. 그러나 믿음의 사람들은 모든 세계가 하나님의 말씀으로 지어진 것을 압니다. 눈에 보이는 것이 눈에 드러난 것으로 말미암지 않았음을 압니다. 눈에 보이는 것은 눈에 드러난 것에 의해 만들어진 것이 아닙니다. 눈에 드러난 것에 의해 움직이는 것도 아닙니다. 하나님께서 모든 것을 만드셨고, 모든 것을 운행하십니다.

"믿음으로 모든 세계가 하나님의 말씀으로 지어진 줄을 우리가 아나니 보이는 것은 나타난 것으로 말미암아 된 것이 아니니라" 히 11:3

믿음의 사람은 사물이나 사건 그 자체를 보지 않습니다. 사건이 일어나게 하시고, 사물을 만드신 하나님을 봅니다.

하나님을 볼 때, 세상을 보는 관점이 달라집니다. 믿음의 사람은 하나님께서 창조하신 이 세상을 보면서 하나님을 봅니다. 하나님께 관심을 가집니다. 하나님의 관점으로 세상을 바라봅니다.

믿음이 자랄수록
멀리 봅니다

믿음을 가지고 살 때, 시간의 개념을 뛰어넘습니다. 멀리 보는 눈을 가집니다. 아브라함은 "너는 너의 고향과 친척과 아버지의 집을 떠나 내가 네게 보여 줄 땅으로 가라"(창 12:1)는 하나님의 말씀을 따라 길을 나섰습니다(창 12:4).

> "믿음으로 아브라함은 부르심을 받았을 때에 순종하여 장래의 유업으로 받을 땅에 나아갈새 갈 바를 알지 못하고 나아갔으며"
> 히 11:8

아브라함은 목적지가 어딘지 알지 못했으나 하나님의 말씀을 따라 갈대아 우르를 떠났습니다. 믿음이 아브라함으로

하여금 하나님의 말씀을 따라가게 했습니다.

> "이에 아브람이 여호와의 말씀을 따라갔고 롯도 그와 함께 갔으
> 며 아브람이 하란을 떠날 때에 칠십오 세였더라" 창 12:4

아브라함은 상황을 따라간 것이 아니라, 하나님의 말씀을 따라갔습니다. 믿음을 따라 사는 것은 하나님의 말씀을 따라가는 것입니다. 그러나 롯은 눈에 보이는 삼촌 아브라함을 따라갔습니다. 자신의 혈육이요, 보호자인 삼촌을 따라갔습니다.

> "내가 너로 큰 민족을 이루고 네게 복을 주어 네 이름을 창대하게
> 하리니 너는 복이 될지라" 창 12:2

이 말씀을 들을 당시 아브라함에게는 자녀가 없었습니다. 그러니 하나님의 말씀은 당시로선 황당한 것이었습니다. 그러나 아브라함은 하나님의 말씀을 따라갔습니다. 아브라함은 멀리 보았기 때문에 하나님의 말씀을 따라갈 수 있었습니다. 멀리 보는 것은 현상 너머를 보는 것입니다. 아브라함은 약속의 땅을 보았습니다.

그러나 아브라함과 함께 약속의 땅을 찾아 나선 롯은 아브라함과 달리 육신의 소욕을 따라 살았습니다. 아브라함과 롯은 보는 것이 달랐습니다. 롯은 현실의 이익을 추구했고 시공간에 갇혀 눈앞의 현상만 보았습니다. 그러나 아브라함은 시공간 너머를 보았습니다. 이것이 믿음입니다.

믿음이 없는 사람은 근시안입니다. 멀리 볼 수 없습니다. 육신의 만족을 추구합니다. 이전보다 쾌적한 환경, 좀 더 나은 보장이면 만족합니다. 실리적 이익을 추구합니다. 그 너머를 보지 못합니다.

문제가 있습니까? 위기가 닥쳤습니까? 멀리 보아야 답이 보입니다. 문제 자체를 바라보면 문제의 함정에 빠질 뿐입니다. 문제에서 눈을 떼야 합니다. 믿음이 자랄수록 멀리 봅니다.

멀리 보지 못하면 마음이 조급해집니다. 조급하면 실수하게 됩니다. 자기 힘으로 문제를 해결하려다 더 큰 낭패를 만나게 됩니다. 아브라함도 그랬습니다. 하나님의 약속을 기다릴 수 없어 사라의 몸종 하갈에게서 이스마엘을 낳았습니다. 눈앞의 현실에 마음이 뺏겨 서둘러 내 힘으로 해결하려고 할 때 낭패를 경험하게 됩니다.

하나님의 약속은 때로 오랜 시간이 걸립니다. 그런데 이

때가 믿음을 훈련하는 시간입니다. 이 시간이 반드시 필요합니다. 믿음으로 조급증을 이겨야 합니다.

하나님의 말씀을 따라가는 것은 쉽지 않습니다. 그러나 우리는 하나님의 말씀이 현실이 될 것을 믿어야 합니다. 현실을 믿어서는 안 됩니다. 상황을 믿어서는 안 됩니다. 말씀이 현실이 될 때까지 믿음으로 인내해야 합니다.

믿으면 하나님이
선명하게 보입니다

"믿음으로 모세는 장성하여 바로의 공주의 아들이라 칭함 받기를 거절하고 도리어 하나님의 백성과 함께 고난 받기를 잠시 죄악의 낙을 누리는 것보다 더 좋아하고 그리스도를 위하여 받는 수모를 애굽의 모든 보화보다 더 큰 재물로 여겼으니 이는 상 주심을 바라봄이라" 히 11:24-26

모세는 눈에 보이지 않는 것을 보았습니다. 애굽의 모든 보화보다 그리스도를 위해 수모받는 것을 선택했습니다. 모세는 눈이 열렸습니다. 그래서 멀리 볼 수 있었습니다. 하나님과 하나님 나라를 본 사람은 애굽의 모든 보화를 쓰레기로 여길 수 있습니다. 아무리 대단한 것이 있어도 감동받지 않습니다. 세상에 놀랄 것이 없습니다. 부러운 것이 없습니다. 눈에 보이지 않는 것을 보는 사람은 빼앗길 것이 없습니다. 하나님의 나라는 누구에게도 빼앗기지 않습니다. 하나님의 자녀가 누리는 권세는 누구도 빼앗을 수 없습니다.

그리스도인과 불신자의 차이가 무엇입니까? 믿음입니다. 믿음이 차이를 만듭니다. 믿음이 다른 차원을 살게 합니다. 불신자는 감각적인 것에 의존합니다. 자신이 경험한 것에 의존합니다. 계산된 것만 믿습니다. 그 이상을 보지 못합니다. 그러나 신자는 현상 너머를 봅니다. 영의 세계에 눈이 열린 사람은 이 세상의 것을 중요하게 생각하지 않습니다. 그러니 세상 사람들과 경쟁하지 않습니다. 현상을 보지 않고, 하나님께서 보여 주시는 세계를 보기 때문입니다. 3차원의 세계에 갇혀 있지 않습니다. 믿음의 눈이 열리면, 영원의 세계를 봅니다. 시간의 차원을 뛰어넘습니다. 지상에서의 삶에 승부를 걸지 않습니다.

바울은 감옥에 갇혔지만 거기서 찬송을 불렀습니다. 당시의 감옥은 칠흑같이 어두운 곳이었습니다. 눈에 보이는 것은 칠흑밖에 없었으나 바울의 영혼은 하늘에 닿아 있었습니다.

상황이 아닌 하나님의 임재를 강하게 느꼈습니다. 믿음은 상황보다 하나님을 크게 보게 합니다.

어느 날, 모세는 광야에서 불타는 떨기나무를 보았습니다. 하나님께서는 떨기나무 가운데서 모세를 부르셨습니다. 모세는 오직 하나님만 믿고 고통받는 이스라엘 백성을 구하기 위해 애굽의 바로에게 갔습니다. 모세는 바로보다 더 강력한 하나님을 보았기에 두려움 없이 바로에게 나아갈 수 있었습니다. 사람들은 눈에 보이지 않는 것은 존재하지 않는다고 생각합니다. 그러나 믿음의 사람은 하나님을 봅니다. 믿음이 강할수록 하나님이 선명하게 보입니다. 하나님이 선명하게 보이면 모든 것이 달라집니다.

요셉은 형들에게 미움을 받아 애굽의 노예로 팔려 갔습니다. 요셉은 노예로 살 것이라고 전혀 예상하지 못했고 절대 원하지도 않았습니다. 기가 막힌 상황에서도 요셉은 불평하지도 원망하지도 않았습니다. 도리어 하나님의 임재를 경험했습니다. 하나님의 임재를 의식하며 최선을 다해 살았습니다. 요셉은 자신의 상황을 보지 않고 하나님을 보았습니다. 그 하나님께서 선을 이루실 것을 바라보았습니다. 하나님을 보는 것이 믿음입니다.

믿음은 우리에게 하나님을 보게 합니다. 믿음이 강할수록 상황보다 하나님이 더욱 선명하게 보입니다. 문제의 배후에서 역사하시는 하나님을 보지 못하면, 현실의 상황으로 인해 낙심할 수밖에 없습니다.

어려움이 생겼을 때, 직접 문제를 해결하려고 하지 마십시오. 대신에 엎드리십시오. 믿음을 달라고 기도하십시오. 믿음을 달라고 기도하는 것은 눈을 열어 달라고 기도하는 것입니다. 눈이 열려야 하나님을 볼 수 있습니다. 상황을 보는 것이 아니라 상황 너머에서 역사하시는 하나님을 볼 수 있습니다.

우리의 시선을 하나님께 돌려야 합니다. 그때 하나님께서 일하시는 것을 볼 수 있습니다. 하나님의 일하심을 보면 두려움이 사라집니다. 태초에 천지를 창조하신 하나님께서 새 하늘과 새 땅을 완성하실 것을 믿게 됩니다. 하나님의 일하심은 신비롭습니다. 하나님께서는 기적을 행하십니다. 하나님께서 하시는 일이 눈에 보이면 다른 차원을 살게 됩니다. 가장 절망적인 순간에도 희망을 볼 수 있습니다. 두려워하지 않습니다. 염려하지 않습니다.

믿음의 눈이 생기면 차원이 다른 삶을 살 수 있습니다. 우리 안에서 믿음이 온전히 작동하면 혁명이 일어납니다. 감정이 최상의 상태가 됩니다. 우리 안에서 하나님께서 일하십니다. 우리 안에 용기를 일으키시고 감동을 주시고 낙심하지 않게 하십니다.

아브라함은 하나님의 말씀을 따라갔습니다. 하나님의 말씀이 그를 가게 했습니다. 하나님의 말씀이 아브라함을 일으키셨습니다. 아브라함을 움직이셨습니다. 하나님의 말씀 안에 능력이 있습니다. 생명이 있습니다. 오늘 하루를 살려면, 오늘 하나님께서 주시는 말씀을 들어야 합니다. 하나님께서 주시는 말씀으로 오늘 하루를 충분히 살 수 있습니다. 살아 있는 하나님의 말씀이 우리를 이끌고 갑니다. 하나님의 말씀으로 충분합니다.

하나님께서 보여 주시는 것을 보는 것이 믿음입니다. 우리가 보는 것이 아니라 하나님께서 보여 주십니다. 하나님께서 보여 주시는 것을 받아들이는 것이 믿음입니다. 하나님께서 보여 주시는 것을 볼 때, 우리의 믿음이 자랍니다. 하나님께서는 아브라함이 믿음이 없어 실수할 때마다 개입하셔서 다시 일으켜 세우셨습니다. 그의 믿음이 약해졌을 때 하나님께서는 직접 말씀하시고, 환상을 보여 주셔서 그를 이끌어 가셨습니다. 이것이 하나님의 은혜입니다.

히브리서 11장에 등장하는 믿음의 영웅들은 믿음으로 살았습니다. 그들은 사람들이 보지 못하는 것을 보았습니다.

그들은 실상을 보았습니다. 그들은 상황에 일희일비하지 않았습니다. 어려움 가운데 있을 때 더욱 강력해졌습니다. 하나님께서 보여 주시는 것을 보면 승리합니다. 하나님께서 우리를 붙들고 계십니다. 우리가 하나님을 붙잡은 것이 아닙니다.

하나님께서 보여 주시는 것을 보십시오. 하나님께서 보여 주시는 것을 따라가므로 승리하십시오. 크신 하나님께서 우리를 붙잡고 계시는 것을 확신한다면 어두운 세상, 힘든 세상에서 믿음으로 승리할 수 있습니다.

믿음의 눈이 열리면
지상에서의 삶에
승부를 걸지 않습니다.
믿음이 강할수록 상황보다
하나님이 더욱 선명하게 보입니다.

3장

사랑에
눈뜨다

Love

사랑하는 자들아
우리가 서로 사랑하자
사랑은 하나님께
속한 것이니
사랑하는 자마다
하나님으로부터 나서
하나님을 알고

° 요일 4:7

L o v e

어떤 사랑인가가
중요합니다

세상은 혼란합니다. 세상이 왜 혼란합니까? 사랑이 없기 때문입니다. 우리가 사랑이라 말하는 것은 사실 사랑이 아닌 경우가 많습니다. 속이는 것이요, 배신이요, 미움인 경우가 대부분입니다. 이렇게 사랑이 왜곡되어 있으므로 세상이 혼란스럽습니다.

사랑은 삶의 본질입니다. 아기는 엄마의 품에서 사랑을 경험하며 자랍니다. 영양분을 충분히 공급해도 사랑을 받지 못한 아이는 연약할 수밖에 없습니다. 세상은 사랑으로 만들어졌고, 사랑으로 유지됩니다. 사람에게는 사랑이 필요합니다.

인류가 경험하는 문제는 사랑과 관계있습니다. 사람들은 멋진 사랑을 꿈꿉니다. 그러나 그런 사랑은 없다는 것을 깨달을 뿐입니다. 그래서 삶이 힘듭니다. 오늘날 깨어지는 가정이 많습니다. 가정이 깨어지는 이유가 무엇입니까? 사랑의 함량이 부족하기 때문입니다.

사람은 온전히 사랑할 수 없습니다. 열렬히 사랑하는 사이라고 해도, 남자가 여자를, 여자가 남자를 온전히 만족스럽게 사랑할 수 없습니다. 온전한 사랑을 경험하지 못했기 때문입니다. 그래서 사랑한다고 하는데 불편합니다. 불만이 많습니다. 이 세상에서 경험하는 사랑은 왜곡되어 있습니다. 오염되어 있습니다.

우리의 사랑은 조건적인 사랑입니다. 자기중심적인 사랑입니다. 그래서 우리는 늘 사랑에 목이 마르고 사랑을 갈구합니다. 사랑이 결핍된 사람들이 중독되기 쉽습니다. 외로움을 다른 것으로 채우려 하기 때문입니다.

하나님께서는 사람을 동물과 다르게 창조하셨습니다. 빵으로 만족할 수 없는 존재로 창조하셨지요. 사랑은 사람을 존재하게 하는 힘입니다. 삶이 아무리 힘들어도 사랑을 경험하는 사람은 다시 살아납니다.

그런데 그 사랑이 어떤 사랑인가가 중요합니다. 솔로몬은 후궁이 700명, 첩이 300명이었습니다. 하지만 만족하지 못하고 이렇게 토로했습니다.

> "내가 해 아래에서 행하는 모든 일을 보았노라 보라 모두 다 헛되어 바람을 잡으려는 것이로다" 전 1:14

우리에게는 온전한 사랑이 필요합니다. 하지만 사람은 온전한 사랑을 할 수 없습니다. 사랑으로 인해 상처를 주고받으며 고통스러워할 뿐입니다. 성경은 말합니다. "하나님은 사랑이심이라"(요일 4:8). 이 한 구절에 우주보다 더 큰 의미가 내포되어 있습니다. 그러나 이 한 구절의 말씀에 담긴 의미를 다 알지는 못합니다. 하나님의 사랑이 얼마나 큰지 알지 못합니다.

> "능히 모든 성도와 함께 지식에 넘치는 그리스도의 사랑을 알고 그 너비와 길이와 높이와 깊이가 어떠함을 깨달아 하나님의 모든 충만하신 것으로 너희에게 충만하게 하시기를 구하노라" 엡 3:18-19

사도 바울은 에베소 교회의 성도들이 하나님의 사랑을 온전히 알기를 원했습니다. 하나님 사랑의 너비와 길이와 높이와 깊이가 어떠한지 알기를 원했습니다. 찬송가 304장은 "하늘을 두루마리 삼고 바다를 먹물 삼아도 한없는 하나님의 사랑 다 기록할 수 없겠네. 하나님의 크신 사랑 그 어찌 다 쓸까. 저 하늘 높이 쌓아도 채우지 못하리"라고 찬양합니다. 우리는 하늘을 두루마리 삼고 바다를 먹물 삼아도 하나님의 크신 사랑을 다 기록할 수 없습니다.

하나님은 사랑의 하나님이십니다. 사랑은 하나님의 속성입니다. 하나님의 사랑은 엄청난 힘을 가지고 있습니다. 그러므로 하나님의 사랑을 경험한 사람은 하나님의 사랑 안으로 빨려들어 갑니다.

"하나님이 우리를 사랑하시는 사랑을 우리가 알고 믿었노니 하나님은 사랑이시라 사랑 안에 거하는 자는 하나님 안에 거하고 하나님도 그의 안에 거하시느니라" 요일 4:16

하나님 안에 거하는 것은 하나님의 사랑 안에 거하는 것입니다. 신학자 성 어거스틴(Augustine)은 "우리의 영혼이 하나님의 품에 안기기 전에는 참된 안식을 경험할 수 없다"고 말했습니다. 하나님을 떠난 사람의 마음에 생긴 공백은 매우 큽니다. 다른 것으로는 그것을 채울 수 없습니다. 돈을 많이 모아도 잠시 즐거울 뿐입니다. 경치 좋은 곳에서 그림 같은 집에 살아도, 돈을 충분히 많이 가져도 잠시 즐거울 뿐입니다. 어떤 것으로도 만족할 수 없습니다. 하나님을 통해서만 진정한 사랑을 경험할 수 있습니다. 하나님은 사랑의 본체이시기 때문입니다.

> "사랑은 여기 있으니 우리가 하나님을 사랑한 것이 아니요 하나님이 우리를 사랑하사 우리 죄를 속하기 위하여 화목제물로 그 아들을 보내셨음이라" ○ 요일 4:10

우리가 하나님을 사랑한 것이 아닙니다. 하나님께서 우리를 사랑하십니다. 하나님께서는 예수님을 우리 대신 십자가에 못 박혀 죽게 하셨습니다. 하나님의 사랑은 모호하지 않습니다. 하나님의 사랑은 우리가 이전에 경험하지 못한 사랑입니다. 하나님의 사랑보다 더 큰 사랑은 없습니다. 십자가 사건은 하나님 사랑의 절정입니다. 하나님께서는 십자가 사건을 통해 우리를 향한 하나님의 사랑을 아주 분명하게 드러내셨습니다.

하나님의 사랑이
우리의 가슴을 녹입니다

하나님의 사랑은 첫째, 무조건적인 사랑입니다.

세상은 조건적입니다. 공짜가 없습니다. 그래서 누군가 호의를 베풀면 불안합니다. 사랑도 공짜가 없으므로 사랑받을 만한 조건을 갖추기 위해 노력합니다. 사랑받기 위해, 인정받기 위해 몸부림칩니다.

그런데 사람은 한 가지 조건으로 만족하는 법이 없습니다. 계속해서 사랑받고 인정받으려면 다른 조건을 갖추기 위해 노력해야 합니다. 사랑하는 데도 이유가 따르니 그냥 사랑할 수 없습니다. 결혼에도 조건이 따릅니다. 신랑이 요구하는 것이 있고 신부가 요구하는 것이 있습니다. 뿐만 아니라 양가 부모가 원하는 것이 있습니다. 서로 요구하는 것이 맞아야 결혼도 할 수 있습니다. 인생이 피곤하고 힘든 이유입니다.

하나님만이 우리를 존재 자체로 사랑하십니다. 우리가 하나님의 사랑을 받을 만한 사람이라서가 아닙니다. 오히려 미움 받을 조건이 차고 넘치는 게 우리입니다. 그럼에도 하나님은 아무 조건 없이 우리를 사랑하십니다. 우리를 있는 그대로 받아 주십니다. 이것이 은혜입니다.

하나님께서 우리를 사랑하시는 것은 솔로몬이 술람미 여인을 사랑한 것과 같습니다. 솔로몬은 왕이었습니다. 술람미 여인은 이방 여인이었습니다. 두 사람은 신분의 차이가 매우 큽니다. 쉽게 마주칠 수 있는 관계가 아닙니다. 그러나 솔로몬은 술람미 여인을 일방적으로 사랑했습니다. 솔로몬의 사랑에 술람미 여인은 놀라서 도망쳤습니다. 솔로몬은 조건을 뛰어넘어 술람미 여인을 사랑했습니다.

하나님은 우리를 이렇게 사랑하십니다. 그냥, 이유 없이 우리를 사랑하십니다. 이것이 가능합니까? 설명할 수 없습니다. 세상의 조건적인 사랑에 익숙한 우리로선 하나님의 사랑을 믿기 힘듭니다. 왜 나 같은 것을 사랑하시는지 이해할 수 없습니다. 그냥 무조건 사랑하신다니 더더욱 이해할 수 없습니다. 조건 없는 사랑을 한 번도 경험한 적이 없기 때문입니다.

우리는 십자가를 통해 우리를 향한 하나님의 사랑을 경험합니다. 우리를 향한 하나님의 사랑은 우리에게 거저 주어진 것입니다. 그러므로 우리를 향한 하나님의 사랑은 '은혜'입니다.

하나님의 사랑은 둘째, 희생적입니다.

사랑은 말로 하는 것이 아닙니다. 사람들은 말로 하는 사랑, 위선적인 사랑, 가벼운 사랑에 상처를 입습니다. 그러나 하나님은 우리를 위해 모든 것을 내어주셨습니다.

"그리스도께서 우리를 위하여 죽으심으로 하나님께서 우리에 대한 자기의 사랑을 확증하셨느니라" 롬 5:8하

"우리를 사랑하사 우리 죄를 속하기 위하여 화목제물로 그 아들을 보내셨음이라" 요일 4:10하

하나님은 자신이 죽기까지 우리를 사랑하셨습니다. 우리는 이렇게 할 수 없습니다. 죽을 만큼 사랑한다고 말하지만, 그것은 거짓말입니다. 우리는 자신이 만족하기 위해 상대방을 죽입니다. 자신이 죽으면서 상대방을 사랑하는 사람은 없습니다.

하나님께서는 우리를 사랑하셔서 아들을 내어놓으셨습니다. 예수님은 하나님의 독생자입니다. 하나님께서 사랑하시는 아들입니다. 그런 아들을 하나님은 죄인인 우리를 위해 내어놓으셨습니다. 십자가에 못 박혀 죽게 하셨습니다.

"자기 아들을 아끼지 아니하시고 우리 모든 사람을 위하여 내주신 이가 어찌 그 아들과 함께 모든 것을 우리에게 주시지 아니하겠느냐" 롬 8:32

하나님의 사랑은 아들까지도 아끼지 않는 사랑입니다. 이 말씀을 묵상해야 합니다. 하나님의 의지가 느껴집니까? 하나님의 고통이 느껴집니까? 과연 어디서 이런 사랑을 경험할 수 있단 말입니까? 아들을 아끼지 않으실 만큼 우리를 사랑하시는 하나님의 사랑, 그 사랑을 이해하기는 참으로 어렵습니다.

사랑하는 사람은 무리 중에 있어도 금방 찾을 수 있습니다. 우리를 향한 하나님의 사랑도 이와 같습니다. 하나님은 우리를 일대일로 사랑하십니다. 하나님의 이 같은 사랑을 받는 우리는 결코 미미한 존재가 아닙니다. 비천한 존재가 아닙니다. 그러니 스스로 무시하거나 경멸하거나 학대해서는 안 됩니다.

십자가를 통한 하나님의 사랑을 경험할 때, 우리는 하나님께 항복하지 않을 수 없습니다. 아무리 완악한 사람이라 할지라도 그 사랑에 압도됩니다. 세상에는 이런 사랑이 없습니다. 그래서 복음을 처음 들으면 이해할 수 없습니다. 크고 놀라우신 하나님의 사랑을 받아들이기 어렵습니다. 우리가 경험하고 이해할 수 있는 범위를 넘어선 사랑이기 때문입니다. 독생자를 내어주시는 하나님의 사랑은 뜨거운 불과 같습니다. 이 사랑을 경험하면 숨이 멎을 것 같습니다. 첫사랑의 뜨거움과는 비교할 수 없습니다.

세상에서 자식을 향한 부모의 사랑만큼 무조건적인 사랑은 없습니다. 하지만 우리를 향한 하나님의 사랑에 비교하면 부모의 사랑은 아무것도 아닙니다. 하나님은 우리를 사랑하시되 열렬히 사랑하십니다. 열애의 하나님이십니다.

사랑은 말이 아닙니다. 이론도 아닙니다. 사랑은 전부를 주는 것입니다. 사랑은 희생하는 것입니다. 이러한 사랑을 우리가 받았습니다. 우리는 하나님의 사랑으로 구원받았습니다. 십자가를 바라볼 때, 하나님의 사랑이 우리에게 밀려옵니다. 하나님의 사랑이 우리의 가슴을 녹입니다. 하나님의 사랑이 우리를 변화시킵니다.

하나님의 사랑은 셋째, 영원합니다.

"옛적에 여호와께서 나에게 나타나사 내가 영원한 사랑으로 너를 사랑하기에 인자함으로 너를 이끌었다 하였노라" 렘 31:3

세상의 사랑은 오래가지 못합니다. 미친 듯 사랑하지만, 얼마 지나지 않아 헤어집니다. 그래서 사람들은 사랑하면서도 불안해합니다. 쉽게 사랑하고, 쉽게 헤어지는 걸 알기 때문입니다. 하지만 하나님의 사랑은 끝까지 사랑하는 사랑입니다. 하나님의 사랑은 감정에 치우친 사랑이 아닙니다. 기복이 없습니다. 우리의 상태와 상관없이 우리를 사랑하십니다. 하나님의 사랑은 견고합니다.

"유월절 전에 예수께서 자기가 세상을 떠나 아버지께로 돌아가실 때가 이른 줄 아시고 세상에 있는 자기 사람들을 사랑하시되 끝까지 사랑하시니라" 요 13:1

예수님은 우리를 사랑하시되 끝까지 사랑하셨습니다. 예수님의 사랑은 끝이 없습니다. 하나님의 약속은 영원합니다. 하나님의 사랑은 변하지 않습니다. 그래서 우리는 하나님의 사랑 안에서 평안을 누립니다.

하나님의 사랑에 눈뜨면
어떻게 변합니까?

죄는 우리의 눈과 귀를 가립니다. 죄가 우리 눈을 가리면 하나님의 사랑에 눈을 뜨지 못합니다. 하나님의 사랑을 느끼지도, 하나님 앞으로 나아가지도 못합니다. 그러므로 회개가 중요합니다. 회개할 때 우리의 눈과 귀가 열립니다. 하나님의 사랑에 눈을 뜨게 됩니다. 하나님의 사랑을 받아들이게 됩니다.

하나님의 사랑에 눈을 뜨면 첫째, 하나님의 사랑을 통해 죄를 용서받고 치유를 경험합니다.

우리 안에는 상처가 있습니다. 사랑 없는 세상에서 살다 보면, 자연히 상처가 생깁니다. 세상에서 사랑하다가 생긴 상처입니다. 죄인과 죄인이 사랑하면 죄가 남습니다. 사랑다운 사랑을 경험할 수 없으므로 그 후유증이 남습니다. 마음에 병이 들고 중독에 빠지고 몸도 망가집니다. 우리에게 필요한 것은 하나님의 사랑입니다. 하나님의 사랑을 경험하면 마음의 상처가 치유되고 부드러워져서 온전히 회복될 수 있습니다.

하나님의 사랑에 눈을 뜨면 둘째, 하나님의 사랑 안에 거하게 됩니다.

우리에겐 사랑할 능력이 없습니다. 사랑한다 해도 오래가지 못합니다. 사랑하는 것이 힘듭니다. 그러나 하나님의 사랑에 눈을 뜨면 하나님의 사랑으로 사랑하게 됩니다. 하나님의 사랑에 눈을 뜨기 전에는 사랑하는 것이 어려웠습니다. 그런데 하나님의 사랑에 눈을 뜨면, 사랑하는 것이 자연스럽습니다. 하나님의 사랑 안에 거하기 때문입니다. 하나님의 사랑을 온전히 경험한 사람은 사랑하는 것이 어렵지 않습니다. 하나님으로부터 온전한 사랑을 경험했기 때문입니다.

"사랑하는 자들아 하나님이 이같이 우리를 사랑하셨은즉 우리도 서로 사랑하는 것이 마땅하도다" 요일 4:11

하나님의 사랑에 눈을 뜨게 되면 사랑할 수밖에 없습니다. 그 사람 속에 사랑의 원형이 들어왔기 때문입니다. 하나님의 사랑을 경험하지 않은 사람은 사랑하는 것이 불가능합니다. 그러나 하나님의 사랑을 경험한 사람은 사랑하지 않는 것이 불가능합니다.

"우리가 사랑함은 그가 먼저 우리를 사랑하셨음이라" 요일 4:19

하나님께서 우리를 먼저 사랑하셨습니다. 사랑은 하나님으로부터 출발합니다. 우리 힘으로는 사랑할 수 없습니다. 사랑할 수 없는데, 사랑하려고 애쓰십니까? 하나님의 사랑을 경험하기만 하면 사랑하게 됩니다. 사랑은 율법의 완성입니다(롬 13:10). 그래서 하나님께서는 사랑이 무엇인지 보여 주셨습니다.

하나님의 사랑을 알지 못하면 마땅히 사랑해야 할 사람도 사랑하기 힘듭니다. 우리에게 사랑의 능력이 없기 때문입니다. 하지만 하나님의 사랑을 경험하면 사랑할 수밖에 없습니다.

"누구든지 하나님을 사랑하노라 하고 그 형제를 미워하면 이는 거짓말하는 자니 보는 바 그 형제를 사랑하지 아니하는 자는 보지 못하는 바 하나님을 사랑할 수 없느니라" 요일 4:20

하나님을 사랑한다고 하면서 형제를 미워할 수 없습니다. 형제를 미워하는 사람은 하나님의 사랑을 알지 못하는 사람입니다. 진정한 사랑은 하나님으로부터 오기 때문입니다.

내가 내 힘으로 사랑하려고 하면 지칩니다. 가까운 사람도 사랑하기 어렵습니다. 사랑하려고 노력할수록 오히려 멀어집니다. 이것이 우리의 한계입니다. 우리는 이 한계를 인정해야 합니다. 그러나 하나님의 사랑 안에 거하는 사람은 지치지 않습니다. 참된 사랑을 하는 사람 안에는 하나님께서 계십니다. 하나님의 사랑은 초인적인 힘을 갖게 합니다. 하나님께서는 사랑을 통해 하나님이 계신 것을 드러내십니다. 하나님의 사랑 안에 거하는 사람은 오랫동안 묵묵히 최선을 다해 사랑합니다.

세상 사람들은 하나님을 볼 수 없습니다. 그러나 우리는 우리가 사랑하는 것을 통해 하나님을 볼 수 있습니다. 사랑의 하나님을 깊이 만나시기 바랍니다. 우리가 하나님 앞으로 나아가면, 하나님께서는 무궁한 사랑으로 우리를 받아 주십니다.

하나님의 사랑을 거절하는 것, 하나님의 사랑을 무시하는 것은 죄입니다. 하나님의 사랑을 거절하지 않는 사람은 하나님의 깊은 사랑을 경험할 수 있습니다. 하나님의 사랑을 마음껏 누리시기 바랍니다. 하나님의 풍성한 사랑을 충분히 누리는 것이 신앙생활입니다. 하나님과 사랑에 빠지는 것이 신앙생활입니다. 하나님의 사랑에 눈을 뜨지 않은 채 무엇인가 하려고 하지 마십시오. 먼저 하나님의 사랑에 눈을 뜨시기 바랍니다. 하나님의 사랑을 충분히 누릴 때에야 우리는 그 사랑을 바깥으로 흘러넘치게 할 수 있습니다. 비로소 진정한

3장 사랑에 눈뜨다

사랑을 할 수 있습니다.

하나님으로부터 사랑을 받은 사람은 하나님의 몸 된 교회를 사랑할 수밖에 없습니다. 하나님의 사랑을 경험하고, 하나님의 사랑에 감격하면, 움직이지 않을 수 없습니다. 하나님의 사람이 봉사하게 합니다. 선교하게 합니다. 헌금하게 합니다. 예배하게 합니다. 이웃을 섬기게 합니다.

하나님의 사랑으로 충분합니다. 하나님의 사랑은 조건이 없습니다. 하나님의 사랑은 변함이 없습니다. 하나님의 사랑은 완전합니다. 하나님께서는 그 사랑으로 우리를 사랑하십니다. 성경은 하나님의 사랑을 말하고 있습니다. 그러므로 성경은 사랑의 책, 연서(戀書)입니다. 사랑보다 위대한 것은 없습니다.

이제 우리는 우리가 경험한 사랑을 세상 사람들과 나누어야 합니다. 하나님의 사랑으로 이웃을 사랑하는 것이 하나님의 사람답게 사는 것입니다. 우리는 하나님의 사랑에 눈을 뜬 사람입니다. 완전하며 무조건적인 하나님의 사랑을 먼저 마음껏 누리십시오. 그러면 상처가 치유되고 자존감이 회복될 것입니다. 그리고 사랑을 경험하지 못해 방황하는 사람들에게 사랑을 흘려보낼 것입니다.

4장

하나님의 사랑은
참 낯설다

Love

하나님이 세상을
이처럼 사랑하사
독생자를 주셨으니
이는 그를 믿는 자마다
멸망하지 않고
영생을 얻게
하려 하심이라

◦ 요 3:16

L o v e

사는 게 참 힘듭니다. 이유가 무엇일까요? 경제적인 문제, 건강의 문제, 관계의 문제, 환경적인 문제, 정치적인 문제⋯ 문제가 한둘이 아닙니다. 최근엔 코로나 팬데믹으로 더 힘들어졌지요. 그런데 정작 우리를 고통스럽게 하고 불편하게 하는 궁극적인 원인은 딱 하나입니다. 바로 '사랑의 문제'입니다. 다 갖추고 사는데도 왜 우울합니까? 직장에서 높은 자리까지 올랐는데도 왜 만족이 없습니까? 그렇게 아름다운 전망을 가진 집에서 살면서 왜 행복하지 않습니까? 한 가지로 귀착됩니다. 사랑의 결핍입니다. 다른 어떤 결핍보다 사랑의 결핍은 가장 근원적입니다.

왜 사랑의 결핍을 느낄까요? 사랑해서 결혼했지만 결핍을 느낍니다. 입으로는 사랑한다고 말하는데 갈증이 납니다. 사랑인 것 같은데 사랑이 아니기 때문입니다. 사람은 사랑할 능력이 없기 때문에 늘 사랑에 목이 마릅니다. 진짜 사랑을 경험해 본 적이 없기 때문에 사랑할 줄 모릅니다.

진짜 사랑을 하고 싶다면 하나님을 알면 됩니다. 사도 요한은 "하나님은 사랑이시다"(요일 4:8)라고 말했습니다. 하나님은 사랑의 본질입니다. 그래서 하나님을 알지 못하면 사랑을 알 수 없습니다.

요한복음 3장 16절은 성경에서 가장 핵심적인 구절입니다. 이 한 구절에 하나님이 어떤 분인지 다 담겨 있습니다. 하나님의 사랑만이 진짜 사랑입니다. 그 진짜 사랑은 어떤 것일까요?

'주는 사랑'이
진짜 사랑입니다

하나님의 사랑은 첫째, '주는 사랑'입니다.

요한복음 3장 16절에서 주목해야 할 동사가 두 개 있는데 바로 "이처럼 사랑하사"와 "독생자를 주셨다"입니다. 하나님의 사랑은 독생자를 주심으로 구체화되었습니다. 사랑은 추상적이지 않습니다. 사랑에 관한 책을 백 권, 천 권 읽어도 한 번 사랑하는 것보다 사랑을 알지 못합니다. 하나님의 사랑은 주는 것입니다.

사람은 일방적으로 주는 사랑을 하지 않습니다. 주고받는 사랑을 합니다. 더 솔직히 말하면, 사랑받기 위해 사랑을 줍니다. 인간은 이기적이고 자기중심적인 존재이기에 사랑을 주는 중에도 끊임없이 계산을 합니다. 사랑하는 사람한테 왜 상처를 입습니까? 줬는데 돌아오는 게 없기 때문입니다. 심지어 부모와 자녀 간에도 이 계산을 하는 까닭에 상처를 입습니다. 부모는 자녀에게 실망하고, 자녀는 부모에게 상처를 입습니다. 아내는 남편에게, 남편은 아내에게 실망하고 상처를 입습니다. 이렇듯 우리가 상처받는 까닭은 자기중심적으로 사랑하기 때문입니다. 내가 준 것을 계산하기 때문에 상처를 입습니다.

처음에는 순수하게 사랑을 합니다. 하지만 시간이 흐르면 변질되고 오염됩니다. 사람은 계속 주는 사랑만 할 수 없습니다. 좋은 마음으로 봉사를 시작했으나 나중에 이기심이 끼어들어 받을 것을 계산합니다.

하지만 하나님의 사랑은 온전히 주는 사랑입니다. "하나님이 세상을 이처럼 사랑하사 독생자를 주셨으니"에서 '주다'라는 동사의 원어적 의미를 보면 하나님의 의지가 담긴

자발적인 사랑의 행위를 말합니다. 상대의 반응에 따라 내가 줄 것인가, 말 것인가를 결정하는 것이 아닙니다. 하나님의 사랑은 주고 또 줍니다. 진짜 사랑은 그런 것입니다. 성경에서 만나는 하나님은 끊임없이 주시는 분입니다. 우리는 그런 사랑을 받았습니다. 지금도 하나님은 우리에게 그 사랑을 베풀고 또 베풀어 주십니다.

하나님의 사랑은 계산이 없습니다. 보상을 기대하지 않습니다. 만약 하나님이 받을 것을 계산하고 사랑을 주신 분이라면, 어느 누구도 그 사랑을 받지 못할 것입니다. 자격이 없기 때문입니다. 그렇기에 내가 오늘 누리는 모든 것이 하나님의 은혜입니다. 거저 주시는 하나님의 사랑이 아니면 우리는 죽을 수밖에 없는 죄인입니다.

우리는 진짜 사랑이 무엇인지 경험한 사람들입니다. 하나님으로부터 사랑을 배운 사람은 다릅니다. 무엇을 배웠습니까? '주는 사랑'입니다. 그래서 더 이상 받겠다는 계산을 하지 않습니다. 다른 사람이 나에게 사랑을 베풀든, 베풀지 않든 상관하지 않습니다. 받을 것을 계산할 때 우리 삶은 늘 결핍이 생깁니다. 상처를 받습니다. 그러나 주는 사랑으로 바뀌면 더 이상 상처받지 않습니다. 하나님의 사랑을 받으면 이미 충분하기 때문입니다. 상대가 어떻게 반응하든지 베푸는 자가 됩니다. 놀라운 변화입니다.

우리는 주님께 사랑은 받는 것이 아니라 주는 것이라는
사실을 배웠습니다. 여기서 삶의 질적 변화가 일어납니다.
이것은 실천해 보아야 압니다. 우리 힘으로는 할 수 없으나
하나님의 아가페 사랑을 경험하면 할 수 있습니다. 하나님의
사랑을 경험하고 나면 계산력이 떨어집니다. 내가 하나님께
받은 것이 너무 많기 때문에 주는 것에 집중하게 됩니다. 주
는 기쁨은 받는 기쁨에 비할 바가 못 됩니다. 전혀 다른 차원
의 기쁨을 누리게 됩니다.

'진짜 사랑'은 조건 없이
베푸는 것입니다

하나님의 사랑은 둘째, '먼저 베푸는 사랑'입니다.

요한일서는 "사랑은 여기 있으니 우리가 하나님을 사랑한
것이 아니요 하나님이 우리를 사랑하사 우리 죄를 속하기
위하여 화목제물로 그 아들을 보내셨음이라"(4:10) 한 뒤 다
시 한번 "우리가 사랑함은 그가 먼저 우리를 사랑하셨음이
라"(4:19)고 강조합니다. 하나님이 먼저 사랑하셨습니다. 우

리의 어떠함을 따지지 않고 그저 먼저 사랑하셨습니다.

우리의 사랑은 그에 비하면 얼마나 까다로운지 모릅니다. 이 사람은 이래서 안 되고 저 사람은 저래서 안 된다고 고개를 절레절레 젓습니다. 내 사랑을 받을 만한지 자격을 따지는 겁니다. 만약 하나님이 자격을 따져서 사랑하셨다면 우리 중 누구도 사랑받을 만하지 않습니다. 우리가 어떤 자격이 있어서 하나님의 사랑을 받는 것이 아닙니다.

성경은 우리가 '죄인'이라고 말합니다. 그냥 죄인도 아닙니다. 머리부터 발끝까지 죄로 똘똘 뭉친 죄인입니다. 하나님의 심판을 받아도 아무 할 말이 없는 죄인입니다. 사랑받을 만한 조건을 전혀 갖추지 않았습니다. 과거에도 그랬고 지금도, 앞으로도 마찬가지입니다. 사랑받을 만한 어떤 조건도 갖추지 않았음에도 하나님은 먼저 손을 내밀어 사랑을 주셨습니다.

"우리가 아직 죄인 되었을 때에 그리스도께서 우리를 위하여 죽으심으로 하나님께서 우리에 대한 자기의 사랑을 확증하셨느니라" 롬 5:8

하나님은 어떤 조건을 내걸며 우리를 사랑한 것이 아닙니다. 그저 일방적으로 먼저 손을 내밀어 주셨습니다. 이런 사랑은 참 낯섭니다. 가정에서조차 경험해 보지 못한 사랑입니다. 우리가 일상에서 경험하는 사랑은 노력해서 얻어 내야 하는 것입니다. 실수나 약점이 보이는 순간 사랑을 거둬 가는 그런 사랑이었습니다. 기준에 미달하면 자비가 없습니다. 그래서 우리는 사랑받기 위해, 인정받기 위해 사력을 다해야 했습니다.

우리가 어떠하든지 상관없이 먼저 손 내밀어 사랑하시는 하나님의 사랑은 그래서 복음입니다.

예수님이 십자가에 매달리실 때 제자들은 어디에 있었습니까? 그토록 애정을 다해 돌본 제자들이 십자가에서 고통받는 예수님을 저버렸습니다. 배반했습니다. 믿음이 없으면 인간적인 의리라도 있어야 하는 것 아닙니까? 배신은 가장 저열한 인간성입니다. 제자들은 스승이 가장 힘들고 외롭던 순간에 배신을 했습니다. 이 정도면 우리의 인간관계에서는 끝났습니다. 그런데 부활하신 예수님은 디베랴 바닷가로 제자들을 찾아가셨습니다. 그냥 가신 게 아니라 먹을 것을 가져가서 그들을 초대하셨습니다. 그리고 "네가 나를 사랑하느냐?"라고 사랑을 확인하십니다. 희한한 광경입니다. 세상에서는 경험할 수 없는 모습입니다.

탕자의 비유에서도 마찬가지입니다. 아버지는 이미 아들을 용서하고 기다리고 있습니다. 탕자가 회개하고 용서를 빌기도 전에 이미 용서하고 기다리고 있습니다. 먼저 주시는 하나님의 사랑이 이와 같습니다. 이것이 기독교가 다른 종교와 차별되는 지점입니다. 다른 종교는 신에게 도달하기 위해 무언가를 갖출 것을 요구합니다. 인간적인 노력을 요구하는 겁니다. 하지만 기독교의 하나님은 그저 먼저 사랑하십니다.

인간에게는 아무 선한 것이 없습니다. 하나님의 사랑을 받을 만한 자격이 애초에 없습니다. 인간의 애씀, 노력은 한계가 있으므로 무모한 것입니다. 그런 인간에게 하나님이 먼저 다가와 사랑을 주셨습니다. 주님은 배신한 제자들이 용서를 빌러 올 때까지 기다리시는 분이 아닙니다. 먼저 다가가시는 분입니다.

아가서에서 솔로몬의 술람미 여인을 향한 사랑이 먼저 다가가 베푸는 사랑입니다. 술람미 여인은 밭에서 일하는 여종이라 얼굴이 새까맣게 탄 볼품없는 여인입니다. 그럼에도 솔로몬은 그녀를 열정적으로 사랑합니다. 신비롭고 이해하기 어려운 사랑입니다. 우리를 향한 하나님의 사랑이 이처럼 신비로우며 이해하기 힘든 사랑입니다. 우리의 구원이 안전한 이유가 여기에 있습니다. 하나님 편에서 베푸신 사랑의 힘이 우리를 붙들고 있습니다. 지금도 우리의 행위대로라면 심판을 받아 마땅합니다. 그럼에도 그리스도의 십자가를 붙잡기만 하면 우리를 버리지 않으시고 영원토록 사랑하시며 구원의 길로 이끌어 주십니다.

'진짜 사랑'은 자기를 주는 미친 사랑입니다

하나님의 사랑은 셋째, '독생자를 주시는 사랑'입니다.

독생자는 하나밖에 없는 아들이라는 의미입니다. 지금까지 우리가 경험한 사랑 중 가장 큰 것이라면 부모님의 사랑입니다. 그 부모의 사랑도 한계가 있습니다. 자녀가 여럿 있는 어르신에게 어느 자녀가 제일 좋으냐고 물어보면 용돈을 많이 주고, 잘해 주는 자녀가 좋다고 말합니다. 우리의 사랑은 한계가 있는 사랑입니다. 그러나 하나님의 사랑은 한계가 없습니다.

부모에게 자녀는 세상 어떤 것과도 바꿀 수 없는 소중한 존재입니다. 옛날 열 자녀를 둔 부모가 형편이 어려워 자녀가 없는 집에 자녀를 한 명 보내려고 했습니다. 하지만 밤을

4장 하나님의 사랑은 참 낯설다

새워 의논해도 결론은 열 중 어느 누구도 다른 집에 보낼 수 없다는 것이었습니다. 그런데 하나님은 유일한 아들 독생자를 주셨습니다.

> "자기 아들을 아끼지 아니하시고 우리 모든 사람을 위하여 내주신 이가 어찌 그 아들과 함께 모든 것을 우리에게 주시지 아니하겠느냐" 롬 8:32

독생자란 하나님 편에서 최고의 것입니다. "자기 아들을 아끼지 아니하시고"라는 말씀은 우리의 이해를 넘어선 사랑입니다. 어안이 벙벙해지는 대목입니다. 왜 하나님은 이렇게까지 하셨을까요? 왜 나를 위해 당신의 아들까지 아끼지 않으셨을까요? 이해가 안 됩니다. 너무 큰 사랑입니다. 하나님은 최고를 주셨습니다. 모든 것을 주셨습니다.

우리가 다른 것을 의심해도 하나님의 사랑을 의심하면 안됩니다. 무지함의 수준을 넘어선 악한 일입니다. 우리의 구원이 실패할 수 없는 이유는 하나님의 거대한 사랑으로부터 출발한 것이기 때문입니다. 이제 나라는 존재는 그 가치가 상상할 수 없는 수준이 되었습니다. 독생자의 목숨과 바꾼 가치가 되었으니까요. 아들마저 아끼지 않는 사랑을 경험하고 나면 모든 것이 변합니다. 이보다 더 큰 사랑을 경험할 수 없습니다. 그 사랑을 경험하면 가만있을 수 없습니다.

일생을 통해 받은 선물 중 가장 최고의 선물은 무엇입니까? 선물은 값이 아니라 마음이라고 말하는 사람도 있습니다. 그런데 마음은 드러나게 되어 있습니다. 남편이 아내의 생일 때마다 "내 마음 알지?" 하며 마음만 표현한다면 그 마음을 의심할 수밖에 없습니다. 마음은 선물로 드러나게 되어 있습니다. 하나님의 마음은 독생자로 표현되었습니다. 이것은 값으로 매길 수 없습니다. 값을 넘어선 것입니다. 독생자 예수는 하나밖에 없는 하나님의 아들입니다. 하나님이 우리에게 베푸신 사랑은 상상을 초월한 것입니다. 가장 위대한 선물입니다. 우리가 그토록 엄청난 것을 받을 만한 자입니까? 그냥 놀라울 따름입니다.

중요한 것은 하나님이 하신 일입니다. 여기에 하나님의 강력한 의지가 들어 있습니다. 아가페 사랑의 특징입니다.

우리는 우리가 누리는 것 중 너무 소중한 것은 잘 인식하지 못하는 경향이 있습니다. 물과 공기, 빛과 같이 너무 중요하고도 필요한 것은 그 가치를 잘 모릅니다. 사실 이중 어느 하나라도 없으면 우리는 단 하루도 존재할 수 없습니다.

실제로 물이 귀한 아프리카에 가면 물의 소중함을 깨닫게 됩니다. 저는 어린아이들이 저 멀리까지 가서 흙탕물을 길러 오는 아프리카에서 2박 3일 동안 있었습니다. 어느 날 UN이 세운 어느 막사에 들어갔다가 물을 마시는데 눈물이 왈칵 쏟아졌습니다.

독생자를 주신 사랑은 미친 사랑입니다. 너무 황홀한 사랑입니다. 그 사랑과 마주치면 포로가 됩니다. "독생자를 주셨으니" 하나님으로부터 이 사랑을 경험한 사람은 삶이 송두리째 흔들립니다. 우리 삶에서 가장 강력한 힘은 사랑입니다.

늦잠을 자던 청년이 사랑에 빠지니까 새벽에도 벌떡 일어납니다. 사랑의 힘은 위대합니다. 우리 삶을 바꾸는 것은 사랑입니다. 사랑을 풍성히 경험하고 나면 죽어도 여한이 없다는 생각이 듭니다. 한마디로 미칩니다. 우리가 예수님을 처음 믿었을 때 그랬습니다. 그 사랑이 너무 강력해서 미친 듯이 행동했습니다.

애를 쓴다고 사랑할 수 있는 것은 아닙니다. 진짜 사랑을 경험하고 나면 저절로 사랑하게 됩니다. 십자가 사랑을 경험한 신자는 다릅니다. 한 번쯤 그리스도를 위해서 내 삶을 송두리째 드리고 싶은 마음이 든 적이 있습니까? 그냥 자연스럽게 결단이 됩니다. 우리의 의지로 되는 것이 아닙니다. 하나님의 사랑을 경험할 때 저절로 나오는 반응입니다. 다른 사람이 보기에는 맛이 간 것처럼 보입니다. 평소에 안 하던 말도 하고, 행동도 합니다. 거대한 사랑의 용광로 안에 푹 빠져 버립니다.

신앙은 하나님을 향해 마음이 활짝 열려야 가능합니다. 마음의 문은 사랑으로 열립니다. 하나님의 사랑을 알고 나면 마음이 활짝 열립니다. 무엇을 하려고 애를 쓰지 마십시오. 다만, 하나님의 사랑에 담금질하십시오. 사랑에 빠지지 않으면 종교 생활이 되고 맙니다. 사랑의 세계로 들어가면 어디선가 에너지가 막 쏟아져 나오는데 끝이 없습니다. 이전에는 나 한 사람도 간수하기 어려웠는데 하나님의 사랑에 빠지면 사랑할 수 없는 사람까지도 사랑하게 됩니다. 사랑의 괴력이 나오는 것입니다.

복음은 하나님의 사랑이고, 뜨거운 사랑을 담은 심장입니다. 복음에 다가가면 하나님의 심장박동 소리가 들립니다. 그 사랑을 경험하고 나면 상처 입은 마음에 치유가 일어납니다. 하나님의 사랑을 받아들일 때 우리의 존재가 살아납니다. 병든 자존감이 살아나고 열등감이 사라집니다. 남들의 비난이나 핀잔이 귀에 들리지 않습니다. 들리는 것은 하나님이 나를 사랑하신다는 고백밖에 없습니다. 그 하나님을 만나

4장 하나님의 사랑은 참 낯설다

기 위해 말씀을 보고 예배드리는 것이 즐겁습니다. 하나님이 나를 위해 아들을 내어놓으셨다는 것으로 모든 속박이 풀립니다.

지금 우리에게 필요한 것은 하나님의 사랑입니다. 허접한 사랑이 아닌, 진짜 사랑이 필요합니다. 우리는 존재론적으로 외롭습니다. 채워도 채워도 늘 목이 마른 까닭은 우리가 경험한 사랑이 거짓 사랑이기 때문입니다. 우리의 빈 가슴을 채워 줄 유일한 힘은 하나님의 사랑밖에 없습니다. 남편도 아내도 자녀도 친구도 돈도 아닙니다. 하나님의 사랑만이 우리의 영혼을 채워 줄 수 있습니다. 대개는 이 진리를 모르고 일평생 빗나간 탕자처럼 삽니다. 탕자는 아버지의 사랑으로 충분합니다. 아버지의 품에 안기면 방황이 끝납니다.

남편의 사랑, 아내의 사랑, 부모의 사랑을 한 번도 제대로 받아 보지 못했다 하십니까? 괜찮습니다. 하나님의 사랑을 받으면 됩니다. 그 사랑은 충분하며 완전합니다. 진짜입니다. 그 사랑을 경험하면 됩니다. 하나님은 "사랑은 여기 있다"라고 말씀하십니다. 그 사랑은 분석이 안 됩니다. 그저 경험하고 누리면 됩니다.

"소망이 우리를 부끄럽게 하지 아니함은 우리에게 주신 성령으로

말미암아 하나님의 사랑이 우리 마음에 부은 바 됨이니" ◦ 롬 5:5

하나님은 "나는 말로 이론으로 너희를 부르지 않았다. 온몸으로 너를 사랑했다"고 말씀하십니다. 성령이 이 사실을 깨닫게 해주실 것입니다. 성령이 역사하시면 우리는 하나님의 사랑으로 샤워를 하게 됩니다. 그것보다 더 크고 놀라운 축복은 없습니다. 매일 매 순간 하나님의 사랑으로 충만해지고 이 사랑을 이웃에게 베푸는 자로 살아가게 됩니다.

4장 하나님의 사랑은 참 낯설다

독생자를 주신 사랑은
미친 사랑입니다.
하나님으로부터
이 사랑을 경험한 사람에게서는
사랑의 괴력이 나옵니다.

5장

복음에
눈뜨다

Gospel

보라 내가 온 백성에게
미칠 큰 기쁨의
좋은 소식을
너희에게 전하노라
오늘 다윗의 동네에
너희를 위하여
구주가 나셨으니
곧 그리스도 주시니라

° 눅 2:10-11

Gospe

온전하지 않은 세상,
복음에 눈떠야 합니다

우리는 복음에 눈을 떠야 합니다. 복음에 눈을 뜨면 세상이 다르게 보입니다. 인생이 달라집니다. 복음 외의 어떤 것도 인생을 바꾸어 놓을 수 없습니다. 복음보다 능력 있는 것은 없습니다. 복음이 복음으로 들리면, 누구도 상상하지 못한 일이 일어납니다. 그만큼 복음은 힘이 있습니다. 복음을 들을 때, 복음에 눈을 뜰 때, 복음이 역사할 때, 놀라운 일이 일어납니다.

사람은 죄를 범하여 타락했습니다. 죄로 인해 하나님과의 관계가 깨어졌습니다. 하나님과 관계가 깨져 버리면 하나님으로부터 참 생명을 공급받지 못합니다. 이보다 더 큰 절망은 없습니다. 인생에 원천적으로 문제가 생긴 것이며 인류 전체가 파산 상태에 이른 것입니다.

지금 우리가 사는 세상은 온전하지 않습니다. 정상이 아닙니다. 온전하게 살고 싶은데, 온전하게 사는 것이 어렵습니다. 사랑하고 싶지만, 사랑하는 것이 어렵습니다. 가족도 사랑하는 것이 쉽지 않습니다. 우리는 사랑할 능력이 없습니다. 사람은 저주 아래에 있기 때문입니다. 우리에게는 소망이 없습니다. 그래서 복음이 필요합니다.

복음은 깊고 크고 풍성합니다. 복음을 알기 위해 일평생 노력해도 다 알 수 없습니다. 복음을 많이 들었다고 복음을 아는 것이 아닙니다. 복음과 관련된 책을 많이 읽었어도 복음을 다 알 수 없습니다. 설교자들은 복음에 관심이 많습니다. 설교하기 위해 복음을 얼마나 연구하겠습니까. 그럼에도 복음을 다 알 수 없습니다. 이처럼 복음은 심오합니다. 복음은 깊습니다. 복음은 풍성합니다. 복음은 알수록 경이롭습니다.

한국 교회는 복음이 약합니다. 이것이 한국 교회의 문제입니다. 교회에 복음이 없기 때문에 교회가 분열됩니다. 교회에 복음이 없기 때문에 교회 안에 인본주의가 침투합니다. 복음이 없기 때문에 성도들의 신앙이 변질됩니다. 복음은 헬라어로 'εὐαγγέλιον'(유앙겔리온)입니다. '기쁜 소식, 복된 소식'이란 뜻입니다. 영어로는 'the gospel'입니다. 정관사 'the'가 붙는다는 것은 유일하다는 의미입니다. 다른 복음이 없다는 것입니다.

복음 하나면
충분합니다

천사가 양 떼를 지키던 목자들에게 말합니다.

"천사가 이르되 무서워하지 말라 보라 내가 온 백성에게 미칠 큰 기쁨의 좋은 소식을 너희에게 전하노라" 눅 2:10

여기서 '큰 기쁨의 좋은 소식'이 바로 복음입니다. 복음을 복음으로 들으면 이보다 기쁜 소식이 없습니다. 복음은 비교 대상이 없습니다. 복음보다 좋은 소식은 없습니다.

여러분은 복음으로 인해 큰 기쁨을 경험했습니까. 만약 그렇지 않다면, 복음에 눈을 뜬 것이 아닙니다. 합격 소식보다 더 큰 기쁨을 복음을 통해 경험해야 합니다. 인생 최고의 기쁨을 경험해야 합니다. 큰 기쁨의 좋은 소식을 들었는데도 기쁨을 느끼지 못했다면, 복음을 제대로 들은 것이 아닙니다. 복음에 눈을 뜬 것이 아닙니다.

실패와 좌절, 절망으로 인해 사방이 막힌 것 같아도, 복음에 눈을 뜬 사람은 복음을 생각하기만 해도 힘이 납니다. 복음을 제대로 들은 사람, 복음에 눈을 뜬 사람은 어떠한 상황에서도 절망하지 않습니다. 절망이 사라집니다. 이것이 복음의 힘입니다.

세상에서 복된 소식을 듣기란 쉽지 않습니다. 세상에 복된 소식이 과연 있습니까? 복음은 하늘로부터 오는 복된 소식입니다. 복음은 사람이 만들어 낸 것이 아닙니다. 복음은 출처가 분명합니다. 복음은 이미 창세전에 하나님께서 하나님의 경륜을 따라 계획하신 것입니다.

복음의 핵심은 예수 그리스도의 십자가와 부활입니다. 예수 그리스도의 십자가와 부활은 하나님께서 우리에게 보여 주신 최고의 사건입니다. 십자가와 부활이 우리를 살립니다. 예수님께서는 우리의 죄를 사하기 위해 십자가에 못 박혀 죽으셨습니다. 그리고 부활하심으로 우리를 죽음에서 구원하셨습니다. 예수님의 십자가와 부활은 하나님께서 우리에게 주신 선물입니다. 우리에게 구원보다 더 중요한 것은 없습니다. 그러므로 복음은 우리의 삶을 반전시킵니다. 가장 위대한 반전을 일으킵니다.

요한복음 3장 16절에서 예수님은 "하나님이 세상을 이처럼 사랑하사 독생자를 주셨으니 이는 그를 믿는 자마다 멸망하지 않고 영생을 얻게 하려 하심이라"고 말씀하셨습니다. 하나님께서 우리를 사랑하셔서 우리를 위해 독생자를 이 세상에 보내신 것, 이것이 복음입니다. 사람의 힘으로는 죄를 해결할 수 없습니다. 아무리 유능한 사람도 죄에 대해서는 무능합니다. 그러나 복음은 우리의 모든 죄를 깨끗하게 합니다. 그러므로 복음을 받아들이면, 죄를 모두 용서 받습니다.

복음에 눈을 뜨기 전에는 자신이 죄인인 것을 알지 못합니다. 그러나 복음에 눈을 뜨면, 자신이 죄인인 것과 그 죄의 무게가 어떠하다는 것을 깨닫습니다. 그동안 얼마나 교만했으며 소망 없이 살았는지도 깨닫습니다. 자신이 심각한 죄인인 것을 알지 못하는 것이 곧 교만입니다. 자신이 어떤 상태에서 구원받았는지를 알면, 겸손해지지 않을 수 없습니다. 회개하지 않을 수 없습니다. 그러므로 우리는 복음을 계속 들어야 합니다. 복음에 사로잡혀야 합니다. 복음에 눈을 떠야 합니다.

복음은 들을수록 새롭습니다. 복음은 듣고 또 들어야 합니다. 복음을 들을 때, 하나님께서는 다양한 방식으로 역사하십니다. 복음을 듣는 사람의 형편과 처지에 따라 하나님께서 다르게 역사하십니다. 이것이 복음의 신비입니다.

오늘날 교회는 사람을 즐겁게 하려고 세상을 흉내 냅니다. 그러느라 교회에서 복음을 강조하지 않습니다. 복음을 복음으로 전하지 않습니다. 복음이 왜곡되고 있습니다. 그래서 교회 다니면서도 복음을 알지 못하는 사람이 많습니다. 사람을 즐겁게 하는 것은 한계가 있습니다. 그러나 복음은 복음으로 충분합니다. 그러므로 교회는 복음을 전하는 데 힘을 쏟아야 합니다. 복음에 눈을 뜨고, 복음이 복음으로 들릴 때, 교회가 교회다워집니다. 교회가 부흥합니다. 놀라운 역사를 경험할 수 있습니다. 복음에 능력이 있기 때문입니다.

인위적으로 사람을 감동시킬 필요가 없습니다. 복음으로 충분합니다. 복음이 사람을 감동시킵니다. 복음에 눈을 뜨려면 성령께서 역사하셔야 합니다. 성령께서 눈을 뜨게 하실 때 광휘로운 복음을 경험할 수 있습니다. 그러므로 성령을 의지해야 합니다. 기도해야 합니다.

복음은
모든 것을 살립니다

하나님의 은혜가 복음에 눈을 뜨게 합니다. 교회 다닌 지 오래되었어도, 복음에 눈을 뜨지 못하면, 신앙생활이 즐겁지 않습니다. 마치 어둠 속을 걷는 것과 같습니다. 그것은 종교 생활을 하는 것이지 신앙생활을 하는 것이 아닙니다. 복음을 들어야 복음에 눈을 뜹니다. 복음을 듣는 중에 역사가 일어납니다. 그러므로 복음을 듣고 또 들어야 합니다. 복음을 듣는 중에 하나님의 사랑을 경험합니다. 복음에 눈을 뜨면 예배드리는 태도가 달라집니다. 참된 예배자가 됩니다. 하나님을 마음 다해 찬양하게 됩니다.

복음은 마음을 감동시킵니다. 복음은 깨어나게 합니다. 복음은 오감을 살립니다. 하나님께 적극적으로 반응하게 합니다. 복음은 어둠을 없앱니다. 복음은 마음의 병을 깨끗하게 치료합니다. 깨어진 가정을 회복시킵니다. 불편한 관계를 회복시킵니다. 복음을 복음으로 경험할 때, 모든 것이 회복됩니다.

"내가 복음을 부끄러워하지 아니하노니 이 복음은 모든 믿는 자

복음에는 능력이 있어서 우리의 죄를 해결합니다. 복음은 죄로 인해 망가진 우리를 새롭게 합니다.

복음을 복음으로 듣지 못한 사람은 언제나 불안합니다. 일이 잘되어도 불안하고, 건강해도 불안하고, 성공해도 불안합니다. 하나의 문제를 해결하면 또 다른 문제가 발생할까 두렵고 불안합니다. 구원받지 못한 삶은 고통스럽습니다.

복음에 눈을 뜬 사람은 삶이 안정되어 있습니다. 근원적인 불안이 제거되었기에 그렇습니다. 복음에 눈뜬 사람, 구원받은 사람은 구원받기 이전 상태로 돌아갈 수 없습니다. 하늘로부터 오는 평안과 기쁨이 삶을 충만하게 하기 때문입니다.

복음을 경험한 사람은 죄에 대한 태도가 달라집니다. 죄 가운데 살고 싶어 하지 않습니다. 죄를 혐오합니다. 거룩하게 살기 원합니다. 삶의 질서가 생깁니다. 긍정적인 자아상을 갖습니다. 힘들고 어려워도 하나님 안에서 안정감을 누립니다.

복음에 눈뜬 사람은 하나님의 사랑에 눈을 뜹니다. 복음을 통해 하나님의 사랑을 경험한 사람은 하나님을 사랑합니다. 복음은 하나님과의 관계를 회복시킵니다. 그러므로 복음에 눈을 뜨면, 하나님과 가까워집니다. 하나님의 사랑은 모호하지 않습니다. 매우 구체적입니다. 하나님의 사랑을 경험한 사람은 삶의 태도가 달라질 수밖에 없습니다. 복음을 경험한 사람은 사람을 미워할 수 없습니다. 하나님의 사랑이 얼마나 크고 깊은가를 알기 때문입니다. 복음을 경험하면, 영혼이 춤을 춥니다. 마음에 기쁨이 넘칩니다. 그러므로 복음은 '큰 기쁨의 좋은 소식'입니다.

복음을 경험하기 전, 우리는 죄로 말미암아 자유를 잃었습니다. 죄가 우리에게서 자유를 빼앗아 갔습니다. 마음대로 살 수 없었습니다. 죄의 지배를 받으며 죄가 이끄는 대로 갔습니다. 죄의 힘은 강력해서 싸울수록 실패를 경험했습니다. 죄와 싸우면 질 수밖에 없었습니다. 그러나 복음을 경험한 후, 복음에 눈을 뜬 후, 우리는 복음으로 말미암아 죄의 힘을 꺾게 됩니다. 죄의 지배를 받지 않게 됩니다. 죄의 종 노릇을 하지 않게 됩니다. 복음은 죄로 인한 저주를 모두 걷어 냅니다. 그러므로 복음에 눈뜬 사람에게는 저주가 없습니다. 복음으로 말미암아 자유를 누립니다. 이제 우리는 자유인이 되었습니다.

복음에 눈을 뜬 사람은 헌신합니다. 헌신하려고 애쓰지 않아도 헌신합니다. 복음의 능력을 아는 사람은 복음만이 세상을 바꿀 수 있다는 것을 알기에 복음을 전할 수밖에 없습니다. 복음에 눈을 뜬 사람은 자신의 사명을 발견합니다. 비밀 중의 비밀을 발견하는 겁니다.

세상은 혼란합니다. 복잡합니다. 흉흉합니다. 그래서 사람들은 기쁜 소식을 듣기 원합니다. 큰 기쁨의 좋은 소식을 기다립니다. 그러나 이 세상에는 세상의 혼란을 잠재울 수 있는 기쁜 소식이 없습니다. 그러므로 세상의 이야기에 귀 기울이지 마십시오. 예수님의 십자가와 부활의 복음으로 충분합니다.

복음은 광대합니다. 복음은 풍성합니다. 복음은 역동적입니다. 복음은 얽힌 것을 풀어냅니다. 복음은 신비롭습니다. 복음은 광휘롭습니다. 복음은 찬란합니다. 어떤 신학자도, 어떤 목회자도 복음을 다 안다고 말할 수 없습니다. 그러므로 우리는 복음을 더 알고 싶어 해야 합니다.

복음은 개인을 살립니다. 가정을 살립니다. 교회를 살립니다. 공동체를 살립니다. 민족을 살립니다. 온 인류를 살립니다.

복음에 눈을 뜨십시오. 복음을 사모해야 합니다. 복음을 알기 위해 노력하십시오. 복음을 깊이 경험해야 합니다. 기독교는 종교가 아닙니다. 예수님의 복음이 기독교입니다. 복음 안에 생명이 있습니다.

복음 안에서
산다는 것

Gospel

내가 그리스도와 함께
십자가에 못 박혔나니
그런즉 이제는 내가
사는 것이 아니요
오직 내 안에 그리스도께서
사시는 것이라
이제 내가 육체 가운데
사는 것은 나를 사랑하사
나를 위하여 자기 자신을
버리신 하나님의 아들을
믿는 믿음 안에서 사는 것이라

◦ 갈 2:20

Gospe

신앙생활에서
가장 큰 적은 '나'입니다

　신앙생활이란 무엇일까요? 예수 그리스도를 믿고 그분을
따라가는 것이라 말할 수 있습니다. 또 다르게 표현하자면
예수 그리스도가 가셨던 길을 따라가는 것입니다. 그렇다면
그리스도는 어떻게 사셨습니까? 그리스도의 삶을 농축하면
십자가와 부활이고, 그래서 우리 신앙의 초점도 십자가와 부
활입니다.

　십자가와 부활에 초점을 맞추고 살아갈 때 방해가 되는
게 하나 있습니다. 바로 나 자신입니다. 우리는 그리스도에
게 초점을 맞추기보다 나 자신에게 초점을 맞추고 싶어 합
니다. 우리 안에는 자기를 숭배하고자 하는 마음이 강하게

있습니다. 자신을 높이려 하면 할수록 십자가와 부활은 점점 멀어집니다. 그래서 신앙의 가장 큰 적은 자기 우상화입니다. 우상숭배는 매일 우리의 삶 속에서, 나의 내면 안에서 일어나고 있습니다.

나의 우상이 무엇인가를 발견하는 일은 어렵지 않습니다. 나의 열정과 돈, 시간을 어디에 투자하고 있는가를 보면 압니다. 왜 돈을 법니까? 왜 그렇게 악착같이 일합니까? 왜 그렇게 분노합니까? 왜 우울합니까? 바로 나 자신에게 너무 많이 집중하고 있기 때문입니다.

다음 말씀은 바울의 자기 고백이 담긴 유명한 구절입니다.

"내가 그리스도와 함께 십자가에 못 박혔나니 그런즉 이제는 내가 사는 것이 아니요 오직 내 안에 그리스도께서 사시는 것이라" 갈 2:20상

'내가 그리스도와 함께 십자가에 못 박혔다'라고 할 때 '나'는 누구입니까? 율법을 이루려고 애를 쓰며 살던 '나'입니다. 바울은 율법의 요구를 충족시키기 위해 애를 쓰던 사람입니다. 왜 그렇게 율법을 지키려고 애를 썼을까요? 알고

보면 자기만족, 자기 성취, 자아 강화였습니다. 율법을 추구하며 살아가던 바울의 중심에는 '나'라고 하는 에고(자아)가 충만했습니다. 그런 충만한 자아가 그리스도와 함께 십자가에 못 박혔다고 바울은 고백합니다.

헬라어에서 이 고백은 현재완료로 되어 있습니다. 현재완료 시제는 어떤 과거의 사건이 현재의 어떤 결과를 낳았을 뿐만 아니라 계속적으로 영향을 미치고 있을 때 사용합니다. 내가 그리스도와 함께 십자가에 못 박혔다는 것은 예수의 십자가 사건이 2천 년 전에 끝난 것이 아니라 시공간을 초월하여 지금도 영향을 미치고 있다는 의미입니다.

렌스키(Lenski)라는 주석가는 이 부분을 "나는 십자가에 못 박혀 있다"라고 해석했습니다. 못 박힌 사건이 끝난 게 아니라 여전히 내 삶에 영향을 주고 있기 때문에 십자가에 못 박혀 있는 상태라는 것입니다. 무엇이 십자가에 못 박혀 있는 상태입니까? 나의 에고가 십자가에 못 박혀 죽었다는 것입니다. 자아가 죽는다는 것은 무엇을 의미할까요?

우리는 그리스도를 받아들이기 전까지 나 자신이 내 삶의 주인이던 사람들입니다. 육신적인 것을 추구하는 나 자신이 중심에 있는 것입니다. 모든 것의 중심이 '나'입니다. 그것이 진리인가 아닌가, 옳은가 틀린가가 아닌 내 마음에 드는지가

6장 복음 안에서 산다는 것

중요합니다. 교회를 결정할 때도 내가 좋아하는 교회, 내가 좋아하는 스타일의 설교, 내 마음에 드는 목사를 찾습니다. 철저한 자아 중심적 삶입니다.

문제는 우리 자아가 죄로 똘똘 뭉쳐 있다는 사실입니다. 자기를 사랑하지만 병적인 자기애입니다. 교만은 목에 힘주는 것뿐만 아니라 병적인 자기애의 표현입니다. 세상은 온통 교만의 전시장입니다. 그리스도의 십자가가 없는 곳에는 겸손이란 존재할 수 없습니다.

성경에서 옛사람이란 자아 중심적인 사람을 말합니다. 문제가 있는 곳에 항상 이 문제가 있습니다. 모든 사건과 불행, 고통과 문제는 여기서 터집니다. 오랫동안 교회를 다니고 훈련을 받아도 변화가 일어나지 않는다면 옛사람이 그대로 있기 때문입니다.

옛사람의 특징이 무엇입니까? 모든 것의 중심에 내가 있습니다. 세상 문화의 특징입니다. 자아를 한껏 부추기고 자아 만족을 추구합니다. 모든 것이 나를 위해 존재합니다. 이것이 갈라디아 교회 안에서도 일어난 실제적인 문제였습니다. 그 결과 갈등이 생기고 공동체가 깨어졌습니다. 내가 나를 너무 강조하면 갈등이 일어날 수밖에 없습니다. 율법을 좇던 바울이 그랬습니다. 자기가 추구하는 목표가 너무 강했기에 살기등등했습니다. 그래서 우리는 섣불리 주를 위해 산다고 말하면 안 됩니다. 그것은 나의 마음이나 결심만으로 되는 게 아니기 때문입니다. 하루아침에 변화가 즉각적으로 일어나는 것도 아닙니다. 그래서 바울은 다메섹 도상에서 예수를 만난 후 아라비아로 가서 오랫동안 지냈습니다. 율법적인 사고방식과 가치관을 그대로 가지고서는 예수 그리스도를 위해 살 수 없기 때문입니다. 자기 힘으로 의를 얻고자 하던 옛사람이 무너지지 않는다면 다시 예수를 십자가에 못박아 죽이는 일은 얼마든지 일어날 수 있습니다.

그러므로 신앙의 핵심은 무엇입니까? 자아 중심에서 그리스도 중심으로 옮겨 가는 것입니다. 중심 이동이 일어나야 합니다. 중심 이동은 가치관의 변화, 사고방식의 변화, 영적 체질의 변화입니다. 그냥 교회만 왔다 갔다 하면 십 년, 백 년이 지나도 아무 일도 일어나지 않습니다. 신앙은 이미지 관리나 개선이 아닙니다. 그리스도는 우리의 외적인 이미지를 바꾸기 위해 십자가에 죽으신 게 아닙니다. 그리스도가 십자가에 죽으신 것은 우리를 근본적으로 변화시키기 위해서였습니다. 고린도후서 5장 17절은 이렇게 말합니다.

"그런즉 누구든지 그리스도 안에 있으면 새로운 피조물이라 이전

것은 지나갔으니 보라 새것이 되었도다"

새로운 피조물이란 약간의 변화가 아닌 내적인 변화, 중심의 변화를 말합니다. 우리 삶의 희비는 여기에서 결정됩니다. 중심의 변화는 십자가를 통과할 때 일어납니다. 십자가를 통과한다는 것은 어떤 것입니까?

"그리스도 예수의 사람들은 육체와 함께 그 정욕과 탐심을 십자가에 못 박았느니라" 갈 5:24

그리스도와 함께 나의 자아가 죽는 것이 십자가를 통과하는 사건입니다. 그 자아는 정욕과 탐심으로 둘러싸여 있습니다. 이 자아가 죽는 경험이 일어나야 합니다. 죽는다는 것은 간단하지 않습니다. 죽는 사건이 일어나면 분명한 변화가 일어날 수밖에 없습니다. 주변 사람들이 "너 진짜 변한 것 같아"라고 말한 적이 있습니까? '진짜'라는 말이 참 중요합니다. 죽는 경험은 모호하지 않습니다. 새로운 삶을 살고자 하는 결심으로 새 삶을 살 수 있는 게 아닙니다. 옛사람이 완전히 죽어야 새 삶이 시작됩니다. 자아가 죽지 않은 상태에서는 모든 일을 어렵게 만들 뿐입니다.

사람들은 죽는 것을 두려워합니다. 살기 위해서 몸부림치고, 자존심을 다치면 살기등등해집니다. 요즘 언론에 나오는 사건들도 자존심을 건드려서 벌어진 일이 많습니다. 교회 안에서도 대부분의 다툼은 자존심 싸움입니다. 부부 싸움도 고상한 것 가지고는 싸우지 않습니다. 자아의 충돌로 일어납니다. 십자가가 없는 가정은 전쟁이 멈추지 않습니다. 어떤 사람은 죽은 척합니다. 그런데 어느 순간 깨어납니다. 그것은 부활이 아닙니다. 죽었다고 말하지만 얼굴에 억울하다고 쓰여 있습니다. 그러면 안 죽었다는 이야기입니다. 죽은 사람은 자존심이 상할 리 없습니다.

다른 사람이 나를 죽이기 전에 내가 먼저 죽으면 됩니다. 율법이 나를 죽이기 전에 내가 먼저 죽는다면 율법은 더 이상 효력이 없습니다. 내가 죽는 순간 나에 대한 모든 요구가 의미 없어집니다.

날마다
죽어야 삽니다

그렇다면 우리는 어떻게 죽어야 합니까? 그리스도와 함께 죽는다는 것은 일상의 작은 일들 속에서 일어나는 일입니다. 고린도전서 15장 31절에서 바울은 "형제들아 내가 그리스도 예수 우리 주 안에서 가진 바 너희에 대한 나의 자랑을 두고 단언하노니 나는 날마다 죽노라"라고 말합니다. 이것을 '일상적 순교'라고 말합니다. 주님의 길을 따르고자 한다면 매일 십자가에서 죽는 경험이 일어나야 합니다.

예수님을 보십시오. 주님은 십자가에서 죽기 전에 이미 죽으셨습니다. 겟세마네 동산에서 기도하는 가운데 그분은 이미 죽으셨습니다. 나의 원함, 나의 소원, 나의 갈망이 꺾일 때 그것을 죽었다고 말합니다. 왕 중의 왕이신 분이 인간에 의해 불법적인 재판을 받았을 때 그분은 이미 죽으셨습니다. 조롱과 채찍에 맞았을 때 죽으셨습니다. 돌들이 떡이 되게 하라는 사탄의 유혹을 거절했을 때 육체의 욕망에 대해 죽으셨습니다.

자아가 갈망하는 것을 거부하고 하나님의 뜻을 따르고자 하는 순간 죽음을 경험하게 됩니다. 나의 원함을 참고 인내하려면 고통스럽습니다. 고통은 죽어 가는 과정에서 겪는 일입니다. 잠깐만 눈을 감으면 내가 원하는 것을 손에 쥘 수 있지만 그것을 단호하게 거절할 때 내 정욕과 욕심을 십자가에 못 박는 것입니다. 내가 하고 싶은 말을 다 쏟아 버리고 싶지만 그것을 참는 게 죽는 것입니다. 자기의 존재를 드러내고 싶을 때 그 욕구를 포기하는 것이 참 어렵습니다. 누군가로부터 인정받고 싶은 욕구는 누구나 다 가지고 있습니다. 그런데 그것을 포기하고 내가 잊히는 것을 받아들이는 것, 그것이 죽는 일입니다. 내가 수고한 대로 알아주지 않아도, 내가 베푼 선의를 아무도 알아주지 않아도, 수고하고 선의를 계속해서 베푸는 것이 죽는 일입니다.

왜 그렇게 살아야 하느냐 하십니까? 그리스도께서 그렇게 사셨기 때문입니다. 그리스도는 억울한 십자가의 길에서 항거하지 않으셨습니다. 그냥 묵묵히 그 길을 걸어가셨습니다. 심각한 오해를 받았을 때도 오해를 풀려고 하지 않으셨습니다. 마치 도살장으로 끌려가는 어린 양과 같은 모습을 보이셨습니다. 주님은 무기력한 모습으로 십자가에 매달리셨습니다. 당신의 힘으로 당신의 존재를 증명하려고 하지 않으셨습니다. 사탄의 세 가지 시험이 무엇이었습니까? 하나님의 아들이라면 존재를 증명해 보라는 것이었습니다. 그러나 주님은 단호하게 거절하셨습니다.

그리스도를 따른다는 것은 일상에서 일어나는 일입니다. 나의 옛사람이 죽으면 더 이상 과거의 삶을 반복할 수 없습니다. 분명한 변화입니다. 그리스도와 함께 죽는 사람은 더 이상 자기주장을 하지 않습니다. 이전의 쓸데없는 고집이 다 없어집니다. 자기주장도 없이 살면 바보가 되는 게 아닐까 염려하지 마십시오. 그리스도가 그렇게 사셨습니다. 그리고 그 삶이 인류의 가장 위대한 삶이었습니다. 자기주장이 너무 강한 사람은 그 안에 그리스도가 사실 수 없습니다. 자아가 강력하게 살아 움직이는 삶은 결국 초라해지게 됩니다. 그리스도가 내 안에 계시지 않으면 인간적 고집이 도드라지게 됩니다. 우리가 세상에서 흔히 보는 광경입니다.

부부가 싸울 수 있습니다. 싸우는 게 정상입니다. 그러나 어느 지점에서는 자기 고집을 내려놓아야 합니다. 상처를 잘 받습니까? 내가 죽으면 상처받을 일이 없습니다. 내가 죽으면 다 변하는 것입니다. 남을 바꾸려고 하지 마십시오. 나를 바꾸면 됩니다. 내가 죽으면 모든 게 바뀝니다.

내가 죽으면 찾아오는 선물이 있습니다. 바로 자유입니다. 누구도 나에게 어떤 요구를 할 수 없습니다. 나를 심판하고 정죄할 근거도 없습니다. 율법으로부터, 또 율법의 요구로부터 자유로워집니다. 죽기 전에는 긴장과 스트레스 속에 삽니다. 그러나 내가 그리스도와 함께 십자가에 못 박히면 자유로워집니다. 갈등이 사라지고 관계가 회복됩니다.

내가 아닌 내 안에 그리스도가 사시는 삶은 구체적으로

어떤 것입니까? 삶의 주도권이 그리스도에게 있음을 날마다 인정하는 것입니다. 주인은 내가 아니라 주님이십니다. 이것을 계속 선포해야 합니다. 모든 결정권을 주님이 가지고 계십니다. 이름만 주님이 왕이고 자기가 섭정하려고 해서는 안 됩니다. 내가 죽고 나면 내가 마음대로 할 수 있는 게 없습니다. 나의 모든 것이 주님의 것이 되었기 때문입니다.

영국의 엘리자베스 여왕이 죽자 찰스 황태자에게 왕권이 넘어갔습니다. 이제 엘리자베스 여왕은 어떤 것도 요구할 수 없고 소유할 수도 없습니다. 죽었기 때문입니다. 우리가 예수 그리스도를 주로 고백하는 순간 우리 삶의 모든 주도권은 그리스도께로 이양되었습니다. 새로운 주인에게 주도권을 내어 드려야 합니다. 내 힘과 지혜로 살아가려고 하는 고집과 성향을 내려놓아야 합니다. 무엇을 하든지 주인 되신 그분에게 물어보아야 합니다. 어떤 분은 큰 것만 주님께 묻습니다. 그러나 큰 것만 주님께 묻는다면 문제가 있습니다. 작은 것부터 주님께 묻는 사람이 큰 것도 묻고 의논합니다.

혀도 내 것이 아닙니다. 내 혀를 사용하셔서 주님이 하고 싶은 말씀을 하게 해야 합니다. 대화할 때 이 말을 해야 하나 말아야 하나 고민된다면 하지 않는 게 좋습니다. 정말 해야 하는 말은 주님께서 나에게 하라고 말씀하십니다. 헌금도 마찬가지입니다. 내가 헌금하는 것입니까? 헌금이 내 것입니까? 하나님의 것을 내가 돌려드리는 것입니다. 내가 봉사하는 것도 아닙니다. 내 안에 계신 분이 내 몸을 사용하시는 것입니다. 내가 주님의 것이기 때문입니다.

내 안에 그리스도께서 사시는 삶은 자기를 부인하는 삶입니다. 자기의 존재를 부정하지 않으면 죽을 수가 없습니다. 내가 죽는다는 것은 내 꿈도, 내 계획도 다 죽은 것입니다.

> "그리스도 예수의 사람들은 육체와 함께 그 정욕과 탐심을 십자가에 못 박았느니라" 갈 5:24

나를 부인하지 않으면 신앙생활은 원천적으로 불가능합니다. 교회 안에서 누군가를 섬기려고 한다면 자기를 부인해야 합니다. 나를 드러내고 자신의 존재감을 높이기 위해서 노력한다면 그것은 그리스도인의 길이 아닙니다. 자신이 인정받으려고 노력하거나 자신을 증명하기 위해서 에너지를 낭비해서는 안 됩니다. 진정한 겸손은 무엇입니까? 자기 자신을 잊어버리는 것입니다. 그리스도의 이름만 드러나야 합니다. 내가 나를 높이는 게 아니라 다른 사람을 높이기 위해 애를 써야 한다는 것입니다.

나를 부인하면 내가 없어지는 게 아닙니다. 자기를 부인할 때 비로소 우리는 진정한 자기 자신을 찾게 됩니다. 다른 사람들과의 관계에서도 훨씬 더 매력적인 인생을 살게 됩니다. 내가 나를 부인할 때 비로소 내가 되는 것입니다. 진짜 변화된 내가 다른 사람들과 함께 어울려 살아갈 때 그 인생은 빛이 납니다.

내 안에 그리스도가 사는 삶은 결국 순종의 삶입니다. 아들 되신 그리스도는 성부 아버지에게 죽기까지 복종하셨는데 그것이 바로 십자가의 죽으심입니다. 십자가는 철저한 복종입니다.

내 안에 그리스도가 산다는 말은 그리스도적 삶을 이룹니다. 그것이 결국은 순종으로 나타나야 합니다. 아브라함은 모리아에서 이삭을 번제단에 올려놓았을 때 죽는 경험을 했습니다. 하나님의 뜻에 대한 절대 순종은 죽는 경험입니다. 죽는 것으로 순종을 드러내는 것입니다. 순종하는 사람은 말이 별로 없습니다. 순종하는 일에 에너지를 다 쏟기 때문입니다. 순종하는 사람들을 보면 자기 생각이 없는 것처럼 보입니다. 그러나 자기 생각이 없지는 않습니다. 하나님의 말씀 앞에 자기 생각을 내려놓은 것입니다.

잘 죽는 것보다
나은 길은 없습니다

"이제 내가 육체 가운데 사는 것은 나를 사랑하사 나를 위하여 자기 자신을 버리신 하나님의 아들을 믿는 믿음 안에서 사는 것이라" 갈 2:20하

어떻게 죽을 수 있습니까? 내가 죽으려면 십자가에 달리신 예수를 믿는 믿음이 필요합니다. 부활의 능력을 믿어야 죽을 수 있습니다. 다시 살려 주실 것이라는 믿음이 없다면 죽을 수 없습니다. 부활의 힘이 십자가의 삶을 살게 합니다.

나에 대한 믿음을 포기하고 하나님의 아들을 믿는 믿음 안에서 살아가십시오. 내 안에 예수 그리스도가 계신 것을 믿고 내 안에 계신 그리스도가 나의 삶을 도우며 이끄신다는 사실을 믿으십시오. 믿음은 온전히 모든 것을 맡기는 것입니다. 내가 죽으면 어떻게 될까 고민하지 마십시오. 수모를 당해도 가만히 있으십시오. 십자가와 부활을 믿는다면 걱정하지 말고 죽으십시오. 십자가는 끝이 아닙니다. 죽은 자만 부활을 경험할 수 있습니다.

주를 위해 자신을 잃어버릴 때 얻게 됩니다. 고난을 받아

야 영광이 있습니다. 아이들 때문에 분노를 쏟아내기가 쉽습니다. 그러나 내가 죽어야 아이들이 살아납니다. 부부간에도 마찬가지입니다. 하는 일마다 속을 뒤집어 놓아도 맞대응하지 말고 그냥 죽으십시오. 죽으면 평화가 옵니다. 부활의 능력을 일상에서 경험하시길 바랍니다. 죽는 것이 얼마나 유익인가를 알게 될 것입니다.

내가 죽으려면 또한 성령의 능력이 필요합니다. 우리 힘으로 자아를 죽이려고 하면 실패합니다. 우리의 자아가 얼마나 강합니까? 한 살 두 살만 되어도 에고가 생깁니다. 자아는 나이가 들수록 더 강해집니다. 죽어 가면서도 자아가 죽지 않는 사람도 있습니다. 강한 자아가 그를 놓아 주지 않는 것입니다. 그래서 하나님의 특별한 은혜가 필요합니다. 성령의 이끄심이 필요한 것입니다.

바울은 갈라디아서에서 육체의 소욕과 성령의 소욕을 대조합니다. 욕망은 강력합니다. 육체의 소욕과 성령의 소욕은 부딪칠 수밖에 없습니다. 성령이 육체의 소욕을 꺾으실 때 성령의 아홉 가지 열매가 열립니다. 그냥 인내하고 사랑할 수 없습니다. 내가 살아온 방식이 결코 그것을 용납하지 않습니다. 오직 성령으로만 가능합니다. 성령이 나의 자아를 바로잡아 주셔야 합니다.

우리는 죄와 정욕에 매우 무기력합니다. 절대적으로 성령의 이끄심이 필요합니다. 우리의 힘으로는 변화가 불가능합니다. 우리의 자아, 안 죽습니다. 에고가 안 죽으면 인생이 불행해집니다. 하나님의 백성답게 살지 못하고 하나님이 기뻐하시는 삶을 살아갈 수 없는 이유는 육체의 소욕에 길들여진 나 때문입니다. 성령 충만이 답인 줄 믿습니다. 성령 충만할 때 놀라운 일이 일어납니다. 성령은 육체의 소욕을 꺾고도 남는 능력이 있습니다.

십자가 신앙이란 잘 죽는 것입니다. 그리스도와 함께 십자가에 못 박혀 죽는 일은 비참한 일이 아닙니다. 오히려 비참한 삶이란 그리스도와 함께 죽기를 거부하는 삶입니다. 십자가는 우리 주님이 걸으셨던 길입니다. 그 길보다 더 나은 길은 없습니다. 하나님께서 그리스도와 함께 죽는 사람을 다시 살리십니다. 그리고 그를 돌보아 주십니다.

내가 무엇이 부족해서 문제가 된 적은 별로 없습니다. 능력이 너무 많아서, 죽기 힘들어서 사고가 납니다. 우리가 온전히 죽을 때 하나님께서 영광을 받으십니다. 나의 죽음을 통하여 주님의 일이 이루어집니다. 약함 속에 하나님의 능력이 나타납니다. 신앙의 핵심은 십자가와 부활입니다. 그리고 십자가와 부활은 오늘 우리가 매일 경험하는 것이어야 합니다.

갈라디아서 2장 20절 말씀을 계속 묵상하며 그 말씀대로 살아가는 우리가 되길 소망합니다. 세상 사람들과 다른 삶을 살 수 있는 비결이 이 말씀에 있습니다. 그리스도와 함께 죽고 사는 이 부활의 일상이 매일의 삶이 되어야 합니다.

십자가 신앙이란
잘 죽는 것입니다.
그 길보다 더 나은 길은 없습니다.
나의 죽음을 통하여
주님의 일이 이루어집니다.

7장

은혜에
눈뜨다

Grace

이 복음을 위하여
그의 능력이
역사하시는 대로
내게 주신 하나님의
은혜의 선물을 따라
내가 일꾼이 되었노라

◦ 엡 3:7

Grace

하나님의 은혜는
사람의 언어로 설명할 수 없습니다

은혜가 무엇입니까? 은혜는 정의 내리기가 어렵습니다. 사람에게서 은혜를 경험할 수 없기 때문입니다. 그래서 예를 들 수도 없습니다. 신자는 하나님의 은혜로 구원받았습니다. 믿음을 가진 것도 하나님의 은혜요 모든 것이 은혜입니다. 하지만 사람의 언어로 은혜를 설명하는 것은 어렵습니다.

"내가 나 된 것은 하나님의 은혜로 된 것이니 내게 주신 그의 은혜가 헛되지 아니하여 내가 모든 사도보다 더 많이 수고하였으나 내가 한 것이 아니요 오직 나와 함께하신 하나님의 은혜로라" ○고전 15:10

"이 복음을 위하여 그의 능력이 역사하시는 대로 내게 주신 하나님의 은혜의 선물을 따라 내가 일꾼이 되었노라 모든 성도 중에 지극히 작은 자보다 더 작은 나에게 이 은혜를 주신 것은 측량할 수 없는 그리스도의 풍성함을 이방인에게 전하게 하시고 영원부터 만물을 창조하신 하나님 속에 감추어졌던 비밀의 경륜이 어떠한 것을 드러내게 하려 하심이라" 엡 3:7-9

바울은 하나님께서 자신을 부르신 것이 은혜라고 합니다. 그리고 이 은혜가 하나님의 선물이라고 합니다. 바울은 신약성경 중에 열세 권의 서신서를 쓴 매우 뛰어난 사도였습니다. 그럼에도 바울은 자신이 하나님의 은혜로 사도가 되었다고 합니다.

세상에는 은혜가 없습니다. 은혜는 사람의 본성과 어울리지 않습니다. 우리는 세상에서 무자비를 경험합니다. 세상은 실수와 실패를 용납하지 않습니다. 약한 자에게 더 너그럽지 않습니다. 사람들은 약점을 들키지 않으려고, 실수하지 않으려고, 실패하지 않으려고 치열하게 살아갑니다. 오늘의 친구가 내일의 적이 되기도 하는 살벌한 경쟁이 일어나는 곳이 세상입니다. 세상의 인정을 받으려면 그만한 대가를 지불해야 합니다. 절대 공짜가 없습니다.

누가복음 15장에서 예수님은 아버지와 두 아들의 비유를 말씀하셨습니다. 우리는 이 비유를 통해 은혜가 무엇인지 알 수 있습니다. 작은아들이 아버지로부터 자신에게 돌아올 분깃을 받아 집을 떠난 뒤 허랑방탕하게 살며 재산을 낭비했습니다. 아들은 완전히 실패하여 아버지의 집으로 돌아왔습니다. 그런 작은아들을 아버지는 저 먼 데서부터 알아보고 달려가 목을 안고 입을 맞추었습니다. 좋은 옷을 입힌 뒤 잔치까지 베풀어 환대했습니다. 작은아들은 아버지로부터 사랑받을 만한 행동을 전혀 하지 않았습니다. 오히려 아버지를 속상하게 했습니다. 한마디로 불효막심한 자식입니다.

그런 아버지를 맏아들은 이해할 수 없습니다. 작은아들이 세상에 나가 성공하여 금의환향한 것이면 아버지의 환대가 마땅해 보입니다. 올림픽에서 메달을 획득해야 플래카드까지 내걸고 환영해 주는 것처럼 말입니다. 하지만 작은아들은 아버지가 환대할 만한 사람이 아닙니다. 그럴 이유가 전혀 없습니다. 맏아들의 시선이 곧 우리가 사는 세상의 시선입니다.

그러나 성경에서 아버지는 아무 이유 없이 아들을 극진히 환대했습니다. 이것이 곧 하나님의 시선입니다. 이것이 바로 은혜입니다. 그러므로 은혜는 죄인에게 거저 주시는 하나님의 일방적인 호의라고 말할 수 있습니다.

'은혜'라는 말에는 '놀랍다'라는 수식어가 가장 잘 어울립니다. 하나님의 은혜는 놀라운 것입니다. 영국의 노예선 선장이던 존 뉴턴(John Newton)은 복음주의 설교자의 설교를 듣고 회개한 후에 찬송가 305장 '나 같은 죄인 살리신'(Amazing Grace)을 썼습니다. 복음은 큰 기쁨의 좋은 소식입니다. 복음에 눈을 뜬 사람은 기뻐합니다.

하나님의 은혜는 놀랍습니다. 하나님의 은혜는 사람의 말로 설명할 수 없습니다. 은혜에 눈을 뜬 사람은 자신을 구원하신 하나님의 은혜를 놀라워합니다. 받을 만해서 받은 것은 은혜가 아닙니다. 받을 자격이 없는 자에게 하나님께서 거저 주시는 것이 은혜입니다. 받을 만해서 받았다고 생각하는 사람은 은혜를 받아도 놀라워하지 않습니다. 은혜를 받아도 감격하지 않습니다.

"그는 허물과 죄로 죽었던 너희를 살리셨도다 그때에 너희는 그 가운데서 행하여 이 세상 풍조를 따르고 공중의 권세 잡은 자를 따랐으니 곧 지금 불순종의 아들들 가운데서 역사하는 영이라 전에는 우리도 다 그 가운데서 우리 육체의 욕심을 따라 지내며 육체와 마음의 원하는 것을 하여 다른 이들과 같이 본질상 진노의

자녀이었더니" 엡 2:1-3

우리는 본질상 진노의 자녀였습니다. 죄를 짓는 데 능했습니다. 은혜를 받을 만한 모습이 전혀 없습니다. 그러므로 우리는 어떤 것도 주장할 수 없습니다. 우리의 과거를 알면, 하나님의 은혜에 감사하지 않을 수 없습니다.

우리는 틈만 나면 나의 공로를 내세우고 싶어 합니다. 내가 특별하다고 생각하기 때문입니다. 그리고 열심히 노력하면 뭔가 얻을 수 있다고 생각합니다. 이것은 우리가 하나님께 뭔가 받을 만한 존재라고 생각한다는 것을 전제하고 있습니다. 착각입니다.

예수님 시대의 율법주의자, 바리새인이 그러했습니다. 율법주의는 사람의 노력을 강조합니다. 누가복음 15장에서 예수님께서 말씀하신 아버지와 두 아들의 비유를 보면, 맏아들은 은혜에 눈을 뜨지 못했습니다. 그는 아버지와 함께 살면서 아버지의 은혜를 경험하며 살았습니다. 그럼에도 그는 은혜가 무엇인지 알지 못했습니다.

"내가 여러 해 아버지를 섬겨 명을 어김이 없거늘 내게는 염소 새끼라도 주어 나와 내 벗으로 즐기게 하신 일이 없더니 아버지의 살림을 창녀들과 함께 삼켜 버린 이 아들이 돌아오매 이를 위하여 살진 송아지를 잡으셨나이다" 눅 15:29-30

맏아들은 아버지의 은혜 안에서 살고 있으나 그 은혜를 전혀 누리지 못했습니다. 은혜를 모르니 기쁨이 없었습니다. 도리어 화가 났고 아버지를 향해 원망과 불평의 화살을 쏘았습니다. 맏아들이 주목한 것은 동생의 실수와 잘못이었습니다. 아버지의 은혜에 주목하지 않았습니다. 자기만의 잣대로 아버지와 동생을 판단하고 정죄했습니다. 그는 이미 하나님이 되어 있었습니다.

"얘 너는 항상 나와 함께 있으니 내 것이 다 네 것이로되 이 네 동생은 죽었다가 살아났으며 내가 잃었다가 얻었기로 우리가 즐거워하고 기뻐하는 것이 마땅하다" 눅 15:31-32

아버지는 작은아들의 실수와 잘못에 주목하지 않습니다. 이것이 큰아들과 다른 아버지의 관점입니다. 세상과 다른 하나님의 관점입니다.

신앙생활이
힘든 이유가 무엇입니까?

한국 교회에는 율법주의적인 것이 많습니다. 하라는 것과 하지 말라는 것이 많습니다. 세월에 따라 추가되는 것도 있습니다. 사람들은 정해진 규칙을 올바르게 지켜야 신앙생활을 제대로 할 수 있다고 생각합니다. 정해진 규칙을 잘 지키는 사람이 중직자가 될 수 있다고 생각합니다. 이것은 현대판 바리새인을 양성하는 것이 될 수 있습니다.

처음에는 모두 열심히 합니다. 정해진 규칙을 지키려고 노력합니다. 그러나 사람들은 교회 안에서 하나님을 주목하기보다 사람들을 주목합니다. 사람들에게 인정받는 것을 중요하게 생각합니다. 누구나 처음에는 신앙생활을 순수하게 합니다. 그러나 세월이 흐르면 자신의 열심을 강조하고 싶어 합니다. 자신의 열심을 자신의 의로 여깁니다. 자신의 기준으로 사람들을 판단하려고 합니다. 은혜보다 율법을 강조할 때, 이런 일이 일어납니다.

하나님의 은혜가 없으면 살 수 없는 사람들이 교회에 편안히 올 수 있어야 합니다. 연약한 사람, 문제 많은 사람이 올 수 있어야 합니다. 교회는 그들을 이해하고 용서하는 곳이 되어야 합니다. 세상에서 경험할 수 없는 이해와 용서, 사랑을 교회에서 경험할 수 있어야 합니다.

신앙생활을 어렵게 느끼는 이유가 무엇입니까? 자신의 힘과 능력을 의지하여 신앙생활을 하기 때문입니다. 사람들은 열심히 기도하고 봉사하는 것이 신앙생활이라 생각해서 열심히 기도하고 열심히 봉사합니다. 열심히 하는 것은 좋습니다. 그런데 열심히 하지 않는 사람을 정죄합니다. 하나님의 은혜를 잊었기 때문에 정죄하는 것입니다.

누가복음 15장의 비유에서 맏아들은 누구보다 반듯하게 살았습니다. 도덕적으로 살았습니다. 성실했으며 나쁜 짓을 하지 않았습니다. 그러니 이런 맏아들이 칭찬을 듣고 인정받는 게 마땅해 보입니다. 맏아들은 작은아들에게 관대한 아버지가 못마땅했습니다. 아버지가 공평하지 않다고 생각해서 화가 났습니다. 우리는 맏아들의 심정을 충분히 이해합니다. 그가 화가 나는 것이 공감이 됩니다.

하지만 이 비유의 마지막에서 맏아들은 칭찬도 인정도 받지 못했습니다.

맏아들은 아버지께 화를 내며 따졌습니다. 자신의 열심에 대해 왜 보상해 주지 않느냐고 말입니다. 그는 성실했으나, 반듯했으나 자기 열심에 대해 계산을 하고 있었습니다.

사람들은 열심히 하는 것으로 끝내지 않습니다. 열심히 하고 나면, 자신이 열심히 한 것에 대한 보상을 요구합니다. 순수한 열심을 보기 어렵습니다. 사람들이 왜 섭섭해합니까? 무엇인가 기대한 것이 있기 때문입니다. 은혜에서 비롯된 열심, 은혜에 눈을 뜬 사람의 열심은 귀합니다. 그러나 은혜에 눈을 뜨지 못한 채 열심히 하는 것은 위험합니다. 그러므로 열심의 출처가 중요합니다.

예수님 시대의 바리새인들은 무엇이든 열심히 했습니다. 그들은 예수님을 십자가에 못 박는 데에도 열심을 냈습니다. 하나님을 대적하는 데에도 최선을 다했습니다. 누가복음 15장에서 맏아들은 아버지를 위해 열심히 한 것처럼 보입니다. 그러나 그는 아버지를 위해 열심히 한 것이 아니라 자신을 위해 한 것이었습니다.

사람들은 자신의 성(城)을 쌓는 데 열심입니다. 사람들은 자신의 공로를 주장하고 자신의 열심을 의로 여깁니다. 이런 사람은 위험합니다. 열심히 행함으로 자신의 공로를 확대하면서 동시에 다른 사람의 실수를 비난합니다. 이런 사람은 신앙생활을 해도 기쁨이 없고 얼굴이 어둡습니다. 우리는 열심의 근거를 늘 확인해야 합니다. 누구를 위한 열심인가를 말입니다.

신앙생활은
힘을 빼는 일입니다

창세기에 보면, 아담과 하와는 하나님께서 금하신 선악을 알게 하는 나무의 열매를 따 먹은 후 눈이 밝아져 자기들이 벗은 줄 알고 무화과나무 잎을 엮어 치마로 삼았습니다. 아담과 하와는 죄책감과 수치심을 자신의 힘으로 이겨 내려고 했습니다. 종교는 바로 이런 것입니다. 종교는 자력으로 구원받도록 노력을 강조합니다. 햇빛이 비추고 바람이 불고 시간이 흐르면 무화과나무 잎은 말라 버립니다. 이것이 사람의 한계입니다. 그래서 하나님께서는 가죽옷을 지어 입히셨습니다. 이것이 하나님의 은혜입니다. 사람의 힘으로는 죄로 인한 수치를 가릴 수 없습니다. 사람이 아무리 노력해도 하나님께 이를 수 없습니다.

세상의 종교는 신의 마음에 들려면 노력해야 한다고 가르칩니다. 고행할수록 신에게 가까이 나아갈 수 있다고 믿습니다. 지성이면 감천이라면서 신의 마음에 들기 위해 열심히 노력합니다. 열심을 말하면 이방 종교를 믿는 사람을 능가할 수 없습니다. 그러나 성경은 무엇이라고 말합니까?

행위로는 구원받을 수 없다고 말합니다. 행위로는 하나님께 나아갈 수 없습니다. 은혜를 경험할 수 없습니다. 이것이 기독교입니다. 착한 사람이 천국에 들어가는 것은 아닙니다. 선행을 많이 해야 천국에 들어가는 것은 아닙니다. 하나님께서 받아 주셔야 천국에 들어갈 수 있습니다. 신앙생활은 열심으로 하는 것이 아닙니다. 신앙생활은 은혜로 하는 것입니다. 은혜에 눈을 떠야 합니다.

은혜를 경험한 사람은 다릅니다. 은혜가 무엇인지 아는 사람, 은혜의 힘을 경험한 사람은 변화됩니다. 신앙생활은 자신의 힘을 빼는 일입니다. 여전히 자기 힘을 의지하고 있다면, 여전히 자기 힘을 빼지 못하고 있다면, 아직 은혜를 경험하지 못한 것입니다.

교회는 은혜로 움직입니다. 은혜의 힘으로 나아갑니다. 은혜가 사라진 교회는 세상보다 못합니다. 괴이한 집단이 됩니다.

사람들은 자신이 잘나서 은혜를 받은 것으로 생각합니다. 하나님의 은혜를 놀랍게 생각하지도 않습니다. 사람은 본성적으로 은혜를 거부하려고 합니다. 자신이 뭔가 할 수 있다고 생각하기 때문입니다. 그것은 착각이며 곧 한계를 경험하게 됩니다. 노력할수록 우리의 무능을 깨달을 뿐입니다. 율법을 추구할수록 좌절할 뿐입니다. 사람의 행위로는 하나님

7장 은혜에 눈뜨다

을 만족하게 할 수 없습니다. 아무리 의를 행한다 해도, 사람의 의는 더러운 옷과 같습니다(사 64:6). 바리새인들은 말씀을 따라 살려고 열심히 노력했고 수행했습니다. 그러나 하나님의 눈에는 모두 더러운 옷처럼 보였습니다.

우리가 하나님께 나아갈 수 있는 길은 하나밖에 없습니다. 하나님의 은혜입니다. 하나님을 기쁘게 할 수 있는 길은 하나밖에 없습니다. 십자가를 붙드는 것입니다. 우리의 열심은 중요하지 않습니다. 하나님의 열심이 중요합니다. 십자가는 우리를 향한 하나님의 열심입니다. 십자가를 능가하는 열심은 없습니다. 우리는 우리의 열심으로 사는 것이 아니라 하나님의 열심으로 삽니다. 우리는 하나님의 열심으로 구원받았습니다.

우리가 하나님께 나아가는 것이 아닙니다. 하나님께서 우리에게 오십니다. 하나님께서 우리를 향해 손을 내미십니다.

"너희는 그 은혜에 의하여 믿음으로 말미암아 구원을 받았으니 이것은 너희에게서 난 것이 아니요 하나님의 선물이라 행위에서 난 것이 아니니 이는 누구든지 자랑하지 못하게 함이라" 엡 2:8-9

믿음도 하나님의 은혜입니다. 우리가 한 것은 하나도 없습니다. 하나님께서 우리에게 믿음을 선물로 주셨습니다. 은혜가 있어야 하나님의 말씀대로 순종할 수 있습니다. 우리의 힘으로 하나님의 말씀에 순종하는 것은 불가능합니다. 설령 가능하다 해도 우리의 의를 드러내고 자랑으로 삼음으로 하나님 보시기에 역겨울 뿐입니다. 믿음은 "행위에서 난 것이 아니니 이는 누구든지 자랑하지 못하게 함이라"고 했습니다.

하나님의 은혜에 눈을 뜬 사람은 은혜의 힘을 압니다. 하나님의 은혜로 모든 것이 가능하다는 것을 압니다. 하나님의 은혜를 경험한 사람은 하나님의 말씀대로 순종하는 것이 어렵지 않습니다. 하나님의 은혜를 경험한 사람은 신앙생활이 즐겁습니다.

교회에 나와 예배드리는 것이 스트레스입니까? 자꾸 화가 납니까? 사람들과 다투고 갈등을 일으킵니까? 은혜를 경험하지 못했기 때문입니다. 은혜에 눈을 뜨지 못하면 신앙생활을 의무적으로 합니다. 무엇을 하든 힘이 듭니다. 자기 힘으로 하기 때문입니다. 의무적으로 하는 것은 오래 할 수 없습니다. 힘을 빼야 합니다. 가난한 마음으로 하나님께 나아가 은혜를 구해야 합니다. 나의 연약함을 인정하고 힘을 빼고 하나님께 나아가야 합니다.

은혜 받은 사람은
은혜를 흘려보냅니다

신자는 하나님의 은혜로 삽니다. 우리 안에 은혜가 넘칠 때, 십자가도 즐겁게 질 수 있습니다. 하나님의 은혜에 눈을 뜬 사람은 하나님의 은혜에 감탄할 수밖에 없습니다. 하나님의 은혜에 눈을 뜬 사람은 삶에 활력이 넘칩니다.

하나님의 은혜는 값없이 주어진 것입니다. 하나님께서는 우리에게 은혜를 베푸시기 위해 엄청난 대가를 치르셨습니다. 하나님의 아들이신 예수님께서 갈보리 언덕에서 십자가에 못 박혀 죽으셨습니다. 하나님의 전부를 우리에게 주신 것입니다. 이 하나님의 사랑을, 자기를 전부 내어주신 이 큰 사랑을 우리 머리로는 도저히 이해할 수 없습니다. 우리는 진노를 받아 마땅한 죄인이었으나, 예수님이 우리 죄를 대속하여 십자가에서 죽으심으로, 우리 죄가 모두 용서받았습니다. 이제 우리는 더 이상 정죄받지 않으며, 하나님의 자녀가 되었습니다. 하나님의 상속자가 되었습니다. 하나님의 나라를 유업으로 받게 되었습니다. 하나님의 은혜는 결코 당연한 것이 아닙니다. 하나님의 은혜는 놀라운 것입니다.

성경은 하나님의 은혜로 가득합니다. 하나님의 은혜를 느낄 수 없는 곳이 없습니다. 마태복음 1장에 기록된 예수님의 족보에 이름을 올린 네 명의 여인에게서도 우리는 하나님의 은혜를 발견할 수 있습니다. 하나님의 은혜가 아니면, 남성 중심 사회였던 유대 사회에서 어떻게 여인의 이름이 성경에 기록될 수 있겠습니까? 우리는 하나님의 은혜로 구원받았고 그로 말미암아 살아갑니다. 우리의 삶에 은혜 아닌 것은 없습니다. 은혜가 아니면 살 수가 없습니다. 어떻게 우리에게 하나님의 은혜가 임했는지, 우리는 이해할 수 없습니다. 설명할 수도 없습니다.

은혜에 눈을 뜬 사람은, 하나님의 은혜를 경험한 사람입니다. 하나님께서 베푸신 은혜를 경험한 사람은 그 은혜를 다른 사람에게 흘려보내는 삶을 살게 됩니다. 은혜의 통로가 되는 것입니다. 멸시받아 마땅한 죄를 탕감받은 사람은 내게 빚진 사람을 용서해 줍니다. 하나님께서는 측량할 수 없는 사랑과 용서를 우리에게 베풀어 주셨습니다. 우리는 우리가 경험한 하나님의 사랑으로 사람들을 사랑해야 합니다.

세상은 가혹합니다. 세상은 거칩니다. 세상 속에서 살아 남으려면 긴장해야 합니다. 사람들은 성난 사자처럼 물고 뜯으며 살아갑니다. 세상은 계산적입니다. 세상은 여유가 없습니다. 은혜가 통하지 않는 세상에서 살벌하게 살던 사람들이 교회에 와서 교회는 세상과 다르다는 것을 느껴야 합니다. 하나님의 은혜를 경험한 사람은 은혜와 자비가 없는 이 세상에서 은혜의 원리를 따라 살게 됩니다. 교회도 은혜에 눈을 뜬 사람도 하나님의 은혜를 흘려보내는 통로가 되어야 합니다.

은혜가 넘치는 교회는 다릅니다. 다 받아 줍니다. 너그럽습니다. 다 용서합니다. 인내합니다. 기다립니다. 사람들은 그런 교회와 그런 사람들을 모자라다고 생각합니다. 조건 없이 받아 주시는 하나님을 판단력이 흐린 분으로 여깁니다. 계산을 잘못하시는 분으로 봅니다. 하나님의 은혜는 이처럼 도무지 이해할 수 없는, 계산을 해서는 도무지 답이 나오지 않는 그런 것입니다. 우리는 그런 은혜를 하나님께 받았고, 다시 세상으로 흘려보내야 합니다.

요한복음 21장에서 부활하신 예수님은 당신을 부인한 베드로를 찾아와 물으셨습니다.

"요한의 아들 시몬아 네가 나를 사랑하느냐"

예수님은 베드로의 실수와 잘못을 책망하지 않으셨습니다. 다만 사랑하느냐고 물으심으로 사랑한다고, 사랑하자고

하셨습니다. 하나님께서는 우리가 하나님을 위해 무엇인가 해야 만족하시는 분이 아닙니다. 하나님의 은혜를 깨닫고 누리는 것으로 충분합니다. 우리가 부족해도, 실수해도, 충성하지 못해도, 하나님께서는 우리를 사랑하십니다. 하나님의 사랑은 이렇게 큽니다. 하나님의 사랑은 놀랍습니다.

> "나에게 이르시기를 내 은혜가 네게 족하도다 이는 내 능력이 약한 데서 온전하여짐이라 하신지라 그러므로 도리어 크게 기뻐함으로 나의 여러 약한 것들에 대하여 자랑하리니 이는 그리스도의 능력이 내게 머물게 하려 함이라" 고후 12:9

하나님께 인정받으려고 애쓰지 않아도 괜찮습니다. 하나님의 은혜로 충분합니다. 약해도 괜찮습니다. 강하지 않아도 괜찮습니다. 우리가 부족하기 때문에 하나님께서 우리를 사랑하십니다. 우리가 연약하기 때문에 하나님께서 우리를 사랑하십니다. 우리가 연약하여 반복해서 죄를 지어도 하나님께서는 우리를 끊임없이 품어 주십니다. 세상의 인정을 받지 못한 것으로 상처받지 마십시오. 하나님의 은혜로 충분합니다. 우리가 약할수록 하나님의 은혜를 크게 경험할 수 있습니다. 자신의 무력(無力)을 인정할수록 하나님의 은혜를 풍성하게 경험할 수 있습니다.

우리는 연약하기에 실수하지 않으려 최선을 다하지만 실수하지 않을 수 없습니다. 그런 우리를 하나님께서 버리시지 않고 구원의 길로 이끌어 주십니다.

이 하나님의 은혜를 느낄 때마다 놀라야 합니다. 하나님의 은혜를 당연하게 생각해서는 안 됩니다. 우리가 하나님의 은혜를 경험하고 하나님의 은혜로 인해 감격할 때, 영적 활력이 우리 안에 넘칠 것입니다. 하나님의 은혜를 알고, 하나님의 은혜에 눈을 떠야 합니다.

은혜로만
해석되는 인생

Grace

다만 우리를
박해하던 자가
전에 멸하려던
그 믿음을 지금
전한다 함을 듣고
나로 말미암아
하나님께 영광을
돌리니라

◦ 갈 1:23-24

Grace

인생은 하나의 이야기와 같습니다. 자신의 인생을 기록한 것이 자서전인데, 자서전만으로는 부족합니다. 하나님의 이야기와 연결되어야 완결이 됩니다. 자서전은 대부분 자신이 어떻게 살았는가를 이야기합니다. 간증도 자신의 이야기를 하는 경우가 많습니다. 갈라디아서 1장 13-24절 말씀을 보면 바울의 잘 정리된 간증 같습니다. 하지만 바울의 간증에는 예수 그리스도가 중심에 있습니다. 우리의 이야기도 이와 같아야 합니다. 아무리 위대한 사람의 이야기라도 예수 그리스도가 없는 이야기는 미흡합니다. 예수 그리스도로 설명되는 인생이 되어야 합니다.

은혜와 거리가 먼 열심은
위험합니다

바울은 자신의 삶에서 일어난 특별한 사건을 다루고 있습니다. 그 중심에는 예수 그리스도가 있습니다. 바울의 간증(갈 1:13-24)은 크게 과거, 현재, 미래 세 부분으로 나눌 수 있습니다. 예수님을 알지 못하던 과거로부터 바울의 이야기가 시작됩니다. 이어서 예수님을 만난 이야기 그리고 예수님을 만난 이후의 이야기가 전개됩니다. 그러니까 바울의 이야기는 예수님이 그 중심에 있습니다. 우리가 주목할 부분도 바로 이것입니다.

바울의 인생에서 가장 중심에 계시는 분은 예수 그리스도입니다. 그러나 예수님을 알지 못하던 때의 바울은 율법에 열심을 낸 사람이었습니다.

바울은 첫째, 예수님을 알지 못하던 과거에 대해 이렇게 말합니다.

"내가 이전에 유대교에 있을 때에 행한 일을 너희가 들었거니와 하나님의 교회를 심히 박해하여 멸하고 내가 내 동족 중 여러 연갑자보다 유대교를 지나치게 믿어 내 조상의 전통에 대하여 더욱

열심이 있었으나" 갈 1:13-14

바울은 유대교에서 바리새파에 속해 있었습니다. 바울이 바리새파였다는 것은 바울이 위선적인 종교인이었다는 의미가 아닙니다. 율법을 철저히 지켰다는 의미입니다. 바울은 유대교를 매우 열심히 믿었습니다. "열심으로는 교회를 박해하고 율법의 의로는 흠이 없는 자라"(빌 3:6)고 할 만큼 율법을 철저히 지킨 바리새파였습니다. 바울의 성품이 나쁘거나 포악하여 예수 믿는 자들을 잡아 가두고 죽이려 한 것이 아닙니다. 종교적 열심은 때로 이렇게 잘못된 방향으로 갈 수 있습니다. 종교나 이념에 깊이 빠지면, 폭력적인 사람이 될 수 있습니다. 잘못된 열심은 가만히 있는 것보다 더 위험할 수 있습니다.

뜨거운 헌신 이면에는 자기 의를 추구하고자 하는 욕망이 있습니다. 바울 역시 그랬습니다. 종교적 열심으로 하나님의 교회를 핍박했습니다.

우리도 마찬가지입니다. 자기 욕망인지 신앙적 열심인지 구분하지 않으면 바울처럼 살기등등한 폭력자가 될 수 있습니다. 바울은 예수의 잔당을 핍박하고 죽이는 것이 마땅하다고 생각했고, 그래서 매우 폭력적으로 그리스도인들을 핍박했습니다. 잘못된 열심과 종교가 합해져 죽고 죽이는 일이 일어난 것입니다. 아이러니하게도 바울은 하나님의 이름으로 예수님을 핍박했습니다. 진리의 왜곡은 이렇게 위험합니다. 누가 봐도 앞뒤가 맞지 않고 범죄임에 분명한 일도 그 속에 빠져 있으면 온당하고 합리적이라고 여겨집니다.

그래서 무조건 열심히 하는 것은 위험합니다. 그 열심이 어디서 온 것인가를 따져봐야 합니다. 열심히 가는데 역주행하고 있다면, 매우 위험합니다. 우리는 자기 열심에 도취될 때가 많습니다.

과거가 부끄러울수록
하나님의 은혜는 빛납니다

바울의 종교적 열심은 대형 사고를 일으켰습니다. 그는 하나님을 섬긴 것이 아니라, 하나님을 대적했습니다. 바울은 하나님을 섬긴다고 했지만, 사실은 하나님으로부터 멀리 떠났습니다. 바울이 교회를 핍박한 것은 예수님께 정면으로 도전한 것입니다. 바울은 가장 위험한 헌신을 한 것입니다.

이러한 바울의 모습은 우리에게 경종을 울립니다. 그러므로 우리는 정신을 바짝 차려야 합니다. 우리는 신앙이 종교화되는 것을 경계해야 합니다. 우리는 우리의 행위로 하나님 앞에서 떳떳해지려고 합니다. 그러나 우리는 하나님 앞에서 절대 떳떳해질 수 없습니다. 우리에게서는 선한 것이 나올 수 없습니다. 사람에게는 기대할 것이 없습니다. 우리에게 선한 것이 있다면, 그것은 우리에게서 나온 것이 아닙니다. 하나님으로부터 나온 것입니다. 성령께서 주신 것입니다.

바울은 자신의 종교적 열심으로 하나님을 만족시키려고 했습니다. 그러나 바울의 종교적 열심은 하나님과 거리가 멀었습니다.

바울의 과거를 보면, 사람들이 비난할 만합니다. 그런 전력을 가진 사람이 어떻게 사도가 될 수 있는가 의아해할 만합니다. 갈라디아서에서 바울은 주저하지 않고 자신의 과거를 털어놓았습니다. 자신의 과거를 털어놓으려면 용기가 필요합니다. 바울은 자신의 부끄러운 과거를 남김없이 드러냈습니다. 이것은 이전의 바울에게서는 발견할 수 없는 모습입니다. 율법을 열심히 지키는 것으로 자신의 의를 드러내려는 사람은 자신의 과거를 미화합니다. 세상의 자서전을 보세요. 그 속에는 미화가 있습니다. 포장한 이야기입니다. 나쁜 이야기는 전혀 없습니다. 사람들은 자신의 과거를 미화하려고

8장 은혜로만 해석되는 인생

할 뿐 아니라, 사람들이 자신을 공격하면 방어하려고 합니다. 그러나 바울은 자신의 과거를 다 드러냈습니다. 어떻게 이럴 수 있습니까?

복음을 경험했기 때문입니다. 바울은 복음을 경험한 후 달라졌습니다. 복음을 깨달으면, 과거에 자랑하던 것이 볼품없다는 것을 깨닫습니다. 바울이 자신의 부끄러운 과거를 드러낸 이유는 하나님의 은혜를 깨달았기 때문입니다.

"내가 전에는 비방자요 박해자요 폭행자였으나 도리어 긍휼을 입은 것은 내가 믿지 아니할 때에 알지 못하고 행하였음이라" 딤전 1:13

자기 의를 추구하는 사람은 이렇게 고백할 수 없습니다. 하나님의 은혜를 깨달은 사람이라야 이렇게 고백할 수 있습니다. 하나님의 은혜를 깨달은 사람은 자신을 포장하지 않습니다. 복음을 경험한 사람은 정직합니다. 투명합니다. 숨기는 것이 없는 사람을 만나면 편안합니다. 그러나 복음을 경험하지 못한 사람은 숨기는 것이 많습니다. 정리되지 않은 것이 많습니다. 그래서 복잡합니다.

바울은 자신의 삶에서 하나님의 은혜가 드러나기를 원했

습니다. 자신의 과거가 부끄러울수록 하나님의 은혜는 빛납니다. 그래서 바울은 자신의 부끄러운 과거를 드러내는 것을 주저하지 않았습니다. 하나님의 은혜가 얼마나 큰가를 알았기 때문입니다. 과거의 부끄러운 행적, 과거의 전력은 부끄러운 것이 아닙니다. 바울은 오직 하나님의 은혜에만 관심이 있었습니다.

바울은 과거에 자신의 행위로 의롭다 함을 받으려고 노력했습니다. 그것에 목숨을 걸었습니다. 그러나 지금 바울은 은혜를 강조하고 있습니다. 예수를 박해한 그로서는 도무지 받을 수 없는 은혜를 받았습니다. 도무지 자격이 되지 않는 그에게 일어난 이 은혜는 결코 가벼운 주제일 수 없습니다. 그래서 바울은 이 은혜로 인생을 새롭게 써 내려가기 시작했습니다.

우리에게 복음이 임하면, 복음은 과거의 수치를 가려 줍니다. 복음은 과거의 죄, 과거의 실수, 과거의 허물, 과거의 상처 등 과거의 어두운 그림자를 다 덮어 줍니다. 과거로부터 완전한 해방이 일어나는 것입니다. 과거의 힘은 매우 강합니다. 지금도 여전히 이 과거에 묶여 괴로워하는 사람이 많습니다. 자유함을 얻지 못한 이 과거가 그 사람을 지배하는 겁니다.

8장 은혜로만 해석되는 인생

하나님의 은혜를 경험한 사람에게는 과거의 아픔이 남아 있지 않습니다. 복음을 깊이 경험한 사람은 과거로부터 자유롭습니다. 바울은 자신의 과거를 모두 고백했습니다. 바울은 완전한 자유를 누리고 있습니다. 과거를 잘 정리하는 것, 이것이 중요합니다. 과거에 바울은 복음과 거리가 먼 사람이었습니다. 그런 바울을 하나님께서 부르셔서 과거를 모두 덮으시고 새롭게 살게 하셨습니다.

시작점을 알아야
신앙이 정비됩니다

"그러나 내 어머니의 태로부터 나를 택정하시고 그의 은혜로 나를 부르신 이가 그의 아들을 이방에 전하기 위하여 그를 내 속에 나타내시기를 기뻐하셨을 때에 내가 곧 혈육과 의논하지 아니하고 또 나보다 먼저 사도 된 자들을 만나려고 예루살렘으로 가지 아니하고 아라비아로 갔다가 다시 다메섹으로 돌아갔노라"

갈 1:15-17

바울은 둘째, 회심에 대해 말합니다.

일상의 삶에서 일어나는 무수한 일들은 단순한 사건에 불과합니다. 그러나 예수님을 만난 사건은 단순하지 않습니다. 대사건입니다. 15절의 "그러나 내 어머니의 태로부터 나를 택정하시고 그의 은혜로 나를 부르신 이가"에서 '그러나'는 터닝 포인트를 지적하고 있습니다. 이 지점에서 모든 것이 결정됩니다.

세례가 참 중요합니다. 그런데 세례를 받을 때 나의 믿음을 고백해야 합니다. "나는 하나님을 믿습니다"라는 고백이 없다면 세례를 주어선 안 됩니다. 이 고백은 회심의 고백을 의미합니다. 십자가 앞에 무릎을 꿇었다는 것, 거기서 내 죄를 고백했다는 것, 그리고 예수님을 만났다는 것을 고백하는 것입니다. 이 고백 없이 믿음 생활을 할 수 없습니다. 모든 그리스도인에게 이 터닝 포인트가 분명하게 있어야 합니다.

바울은 다메섹으로 가는 길에서 터닝 포인트를 경험했습니다. 예수님께서는 태양보다 밝은 빛으로 바울을 찾아오셨습니다. 급습하듯 들이닥친 예수님을 바울은 저항할 수 없었습니다. 그는 일시적으로 앞을 보지 못했습니다. 참된 빛을 보았기 때문입니다. 바울은 거의 혼수상태였습니다. 이것은 바울의 미래를 알려 주는 상징적인 사건입니다.

이후 바울은 예수님께 사로잡혔습니다. 예수님의 포로가

되었습니다. 예수님께 완전히 매였습니다. 바울은 자기 힘으로는 아무것도 할 수 없었습니다. 그는 자기 부인, 자기 죽음의 상태에 빠졌습니다.

바울이 쓴 서신들을 보면, 바울이 얼마나 탁월한 사람인지 알 수 있습니다. 그는 헬라 철학을 공부했으며 성경을 정통으로 배웠습니다. 그는 바리새인 중의 바리새인이요, 히브리인 중의 히브리인이었습니다. 도덕적으로도 흠이 없었습니다. 더구나 로마의 시민권을 가진 사람이었습니다. 자랑할 만한 것이 어마어마하게 많았습니다. 자기 긍지로 가득 차 있었습니다. 그런 그가 진리의 실체인 예수님이 찾아오시자 한순간에 깨어졌습니다.

예수님을 만나면, 우리의 자아가 한순간에 무너집니다. 버틸 수 없습니다. 종교적으로 흠이 없다 할지라도, 참 빛이 비추면 거짓된 모습이 드러납니다. 칠흑같이 어두운 터널을 통과해야 빛 안으로 들어갈 수 있습니다. 빛 안으로 들어가는 것은 예수 그리스도를 맞아들일 수 있는 단계에 이른 것입니다.

"내 어머니의 태로부터 나를 택정하시고" 갈 1:15상

바울은 그가 하나님의 사도가 된 것이 하나님께서 택정하신 일이라고 말하고 있습니다. 그가 다메섹으로 가는 길에 하나님을 만난 것은 우연이 아니라는 겁니다. 어머니의 뱃속에 있을 때부터 하나님께서 택정하신 일이라는 겁니다. 바울이 믿음으로 결단하기 전에 하나님께서 바울을 택하셨습니다. 그러므로 하나님을 위해 사는 것 외에 다른 것을 선택할 수 없습니다.

　우리는 세상에 던져진 존재가 아닙니다. 우리가 이 세상에 태어나기도 전에 하나님께서 우리를 택정하셨습니다. 하나님께서는 무가치한 존재인 우리를 가치 있는 존재로 불러 주셨습니다. 이처럼 복음을 접하면 나의 존재 가치가 살아납니다. 하나님께서는 목적을 가지고 우리를 택정하셨습니다.

　구원의 사건이 명확해지면, 자신의 소명을 분명하게 깨닫습니다. 신학교에 가는 사람만 소명감을 가지는 것이 아닙니다. 구원받은 사람은 자신이 구원받은 것으로 만족하지 않습니다. 하나님께서 어떤 목적을 가지고 나를 부르셨다는 것을 알기 때문입니다. 내가 구원받은 것을 아는 사람은 삶의 목적과 목표가 달라집니다.

　바울은 회심한 것으로 끝나지 않았습니다. 하나님께서는 바울을 이방의 사도로 세우시려는 분명한 목적을 가지고 바울을 부르셨습니다. 구원과 소명은 동전의 양면과 같습니다. 구원받은 것이 분명한 사람은 소명이 분명합니다. 어떻게 살아야 하는가를 분명하게 압니다.

성경을 보면, 하나님께서는 하나님의 사람을 계속 부르셨습니다. 아브라함을 부르시고, 모세를 부르시고, 사무엘을 부르시고 다윗을 부르셨습니다. 선지자들을 부르시고 열두 제자를 부르셨습니다. 그리고 하나님께서는 우리를 부르십니다. 하나님의 부르심에 반응하는 순간, 우리는 새롭게 태어납니다. 하나님의 부르심에 반응할 때, 우리의 삶이 달라집니다. 이전에는 세상에서 인정받기 위해 땀을 흘렸습니다. 욕심을 부리며 살았습니다. 마치 투쟁하듯 살았습니다. 그러나 구원받은 확신이 생기는 순간 삶의 목적이 달라지고 삶의 내용이 달라집니다.

"그러므로 주 안에서 갇힌 내가 너희를 권하노니 너희가 부르심
을 받은 일에 합당하게 행하여" 엡 4:1

소명이 분명하면, 삶이 혼란스럽지 않습니다. 삶이 단순하고 명료합니다. 사람들이 왜 방황합니까? 어디로 가야 할지, 왜 살아야 하는지 알지 못하기 때문입니다. 하나님께 붙들리

면 삽니다. 내가 사는 것이 아니라, 하나님께서 살게 하시기 때문입니다. 소명은 우리에게 활력을 줍니다. 살아가는 에너지를 제공합니다.

예수님께로 돌아선 지점이 분명해야 합니다. 어떻게 해서 돌아섰는가가 분명해야 합니다. 예수님께 돌아선 지점부터 삶이 시작됩니다. 생일을 분명하게 알지 못하면 난감합니다. 그렇다고 구원받은 때를 정확하게 알아야 한다는 의미는 아닙니다. 그러나 내 인생이 언제부터 새롭게 시작되었는지 자신은 분명하게 압니다. 예수님을 만난 때가 언제인가 자신은 분명하게 압니다. 시작점을 알아야 신앙의 이야기가 비로소 정비됩니다. 세례가 중요한 이유도 이 때문입니다.

회심 후에는
광야의 시간이 필요합니다

"또 나보다 먼저 사도 된 자들을 만나려고 예루살렘으로 가지 아니하고 아라비아로 갔다가 다시 다메섹으로 돌아갔노라 그 후 삼 년 만에 내가 게바를 방문하려고 예루살렘에 올라가서 그와 함께 십오 일을 머무는 동안" 갈 1:17-18

셋째, 바울은 예수님을 만난 이후를 이야기합니다.

바울은 다메섹으로 가는 길에서 예수님을 만난 후 아라비아로 갔습니다. 거기서 3년을 머물렀습니다. 하지만 아라비아에서 무엇을 했는지는 언급하지 않습니다. 다만 짐작해 볼 수 있습니다.

바울은 바리새인으로서 구약의 하나님을 믿었고 자기 의를 위해 최선을 다해 율법을 준수한 사람입니다. 그는 유대주의의 전통과 율법에 익숙하거니와 능숙한 사람입니다. 하지만 예수님을 만난 후 이제 구약의 하나님이 아니라 신약의 하나님을 새롭게 받아들여야 했습니다. 예수님이 가져온 복음을 온전히 이해하고 수용하려면 시간이 필요했습니다. 뼛속 깊이 박힌 유대 선민사상을 버리고 이방인들에게 복음을 전하려면 시간이 요구되었습니다. 바울은 이방인의 사도로 부름 받았기 때문입니다.

바울은 이방인의 사도로 거듭나기 위해 3년의 시간이 필요했습니다. 그것도 아무것도 없는 아라비아 광야에서. 복음이 내 안에서 녹아야 내가 복음의 통로가 될 수 있습니다. 그렇지 않으면 복음의 걸림돌이 될 수 있습니다.

우리가 예수님을 믿는다 할지라도, 이전의 모습을 걸러내는 데에는 많은 시간이 필요합니다. 사고의 구조를 바꾸는 것은 어려운 일입니다. 사람은 변하는 것 같다가도 다시 제자리로 돌아갑니다. 늘 그 자리에서 맴돕니다. 겉모습만 바뀌어서는 안 됩니다. 속까지 달라져야 합니다. 관점이 바뀌어야 합니다. 사고체계가 바뀌어야 합니다. 생각의 틀이 달라져야 하고 태도가 새로워져야 합니다.

예수 믿고 구원받은 것으로 끝이라고 생각하십니까? 그런 사람은 예수님을 믿어도 세속적인 세계관과 사고방식을 가지고 세상 사람들과 다를 바 없이 살아갑니다. 겉모양을 바꾸는 것은 어렵지 않습니다. 술과 담배를 끊고 주일이면 교회에 나와 예배드리는 일은 겉모양을 바꾸는 것입니다. 그러나 내면을 바꾸는 일은 어렵습니다. 오랜 시간 틀이 잡혀 버린 사고방식, 철학, 관점, 태도는 쉽게 바뀌지 않습니다.

과거의 모습이 불쑥불쑥 튀어나올 때가 참 많습니다. 오랜 세월 거기에 익숙해진 까닭입니다. 하나님의 일을 하면서도 세상의 방식으로 일을 처리할 때도 많습니다. 자기 의를 드러내기 위해 일할 때도 많습니다. 우리의 속사람이 쉽게 바뀌지 않기 때문입니다.

그러므로 우리에게도 예수님을 믿고 난 후, 바울이 3년간 아라비아에서 지낸 것과 같은 시간이 있었는지 살펴보아야 합니다. 어떤 형태로든 내 삶에, 내 일상에 깊이 뿌리박힌 비

8장 은혜로만 해석되는 인생

복음적인 것을 걸러 내고 복음으로 새롭게 심는 시간이 필요합니다. 삶 속에서 복음을 충분히 이해하고 경험해야 합니다. 삶 속에 복음이 녹아야 합니다. 어느 날 갑자기 가슴이 뜨거워져서 "하나님께서 나를 부르신다" 하고 복음을 전하러 떠나면 사고가 날 수 있습니다. 오히려 복음을 방해할 수 있기 때문입니다.

성경을 보면, 하나님의 사람들은 부름 받은 거기에 가기 전에 광야의 시간을 가졌습니다. 모세가 대표적입니다. 그는 애굽의 왕자로서 학문을 갈고닦았고 열정도 있었습니다. 그러나 하나님께서는 모세를 40년 동안 광야에서 단련하고 훈련하셨습니다. 그런 뒤 이스라엘 백성을 출애굽시키는 일에 그를 부르셨습니다. 다윗 역시 일찌감치 기름을 부어 이스라엘의 왕으로 부르셨으나 오랜 세월 광야를 떠돌게 하셨습니다. 사울은 계속해서 실수를 했으나 다윗은 승승장구하여 백성의 지지를 받았습니다. 하지만 그것만으로는 하나님의 일을 할 수 없습니다. 광야의 경험이 밑거름이 되어야 하나님의 일을 할 수 있습니다.

예수님을 믿은 후 바울의 아라비아를 경험한 적이 있습니까? 광야를 경험했습니까? 하나님께서 나를 흔드셔서 과거의 체계와 방식과 세계관 등을 재편하시는 것을 경험했습니까? 그것을 경험하지 않은 사람은 하나님의 도구가 되기에 부족합니다. 우리는 광야의 경험 없이 하나님의 일을 하기에는 너무나 연약하고 부족한 존재입니다.

바울은 아라비아 광야에서 무엇을 경험했습니까? 예수 그리스도께 초점을 맞추는 훈련을 했습니다. 지금까지 바울은 자기 의를 위해 율법을 충실히 지켰습니다. 율법에 능통한 바리새인으로서 자부심이 높았습니다. 바울은 아라비아 광야에서 모든 것을 그리스도 안에서 찾기 시작했습니다. 이제 과거의 바울은 죽었습니다.

"내가 그리스도와 함께 십자가에 못 박혔나니 그런즉 이제는 내가 사는 것이 아니요 오직 내 안에 그리스도께서 사시는 것이라 이제 내가 육체 가운데 사는 것은 나를 사랑하사 나를 위하여 자기 자신을 버리신 하나님의 아들을 믿는 믿음 안에서 사는 것이라" ○갈 2:20

귀한 고백입니다. 우리 안에서 이 고백이 터져 나와야 합니다. 이 고백이 터져 나올 때, 우리는 진정한 신자로 살게 됩니다.

우리가 무엇을 하느냐, 얼마나 열심히 하느냐는 중요하지 않습니다. 우리 안에서 일어나는 변화를 점검해야 합니다. "이제는 내가 사는 것이 아니요 오직 내 안에 그리스도께서 사시는 것이라"고 고백할 수 있어야 합니다. 이 고백이 없다면, 우리의 신앙생활은 종교생활에 불과하게 됩니다. 예수님을 만나기 전에 살기등등했던 바울처럼 되기 쉽습니다. 인생이 비참해질 수 있습니다.

> "다만 우리를 박해하던 자가 전에 멸하려던 그 믿음을 지금 전한다함을 듣고 나로 말미암아 하나님께 영광을 돌리니라" 갈 1:23-24

바울은 자신이 복음을 전하는 것으로 인해 사람들이 하나님께 영광을 돌린다고 말합니다. 이 복음은 나의 열심이 아니라 하나님으로부터 비롯된 것이기 때문입니다.

바울은 이제 나를 드러내는 일에 관심이 없습니다. 이것이 진정한 변화입니다. 자아가 죽은 사람은 나한테서는 드러낼 것이 없다는 것을 압니다. 자아가 죽었다는 것은 중심이 변화되었다는 의미입니다. 과거에 바울은 자아가 매우 강한 사람이었으나, 이제 그 중심에 예수님을 모셨습니다. 이것은 세상 사람들과 반대되는 모습입니다.

세상 사람들은 모두 자기를 살리려고 합니다. 부모들은

아이들의 기를 살리려고 합니다. 자아를 강하게 합니다. 경쟁을 통해 자신의 왕국을 강화합니다. 사람들은 자신의 왕국에서 자신이 주인공이 되려고 합니다. 중심에 있는 보좌에 앉으려고 합니다. 자아가 원하는 대로 살아갑니다. 자아를 만족시키는 것이 목표입니다. 바울도 과거에 그렇게 살았습니다. 그러나 예수 그리스도를 만난 후, 바울은 과거의 삶을 깨끗이 청산했습니다.

바울은 내가 죽어야 한다고 말합니다. 그리스도와 함께 죽어야 한다고 말합니다. 죽는 척해서는 안 됩니다. 예수님은 우리를 위해 죽으셨습니다. 그렇다면 우리도 죽어야 합니다. 우리도 죽는 것이 당연합니다. 그리스도와 함께 기꺼이 죽어야 합니다. 우리의 자아가 죽어야 합니다.

나는 중요하지 않습니다. 예수 그리스도가 중요합니다. 나의 행위로 의를 얻은 것이 아닙니다. 우리는 하나님의 은혜로 의롭다 함을 받았습니다. 하나님의 은혜가 우리를 살렸습니다. 우리를 위해 하나님이 필요한 것이 아닙니다. 하나님을 위해 나 자신을 기꺼이 드려야 합니다. 나를 살리면 안 됩니다.

나의 만족, 나의 행복, 나의 목적을 이루기 위해 신앙생활 하는 것이 아니라, 날마다 예수 그리스도와 함께 십자가에서 죽어야 합니다. 한 번 죽는 것이 아니라, 계속 죽어야 합니다. 예수 그리스도와 함께 죽는 것을 계속 경험해야 합니다. 그렇게 살아갈 때 우리를 통해 예수 그리스도께서 삽니다. 그때 우리의 삶이 가장 존귀해질 것입니다.

바울은 갈라디아서 1장 18절 이후로 그가 경험한 예수님을 전하고 있습니다. 나의 이야기와 예수님의 이야기는 하늘과 땅 차이입니다. 나의 이야기는 아무리 화려해도 허무로 끝납니다. 아무 의미가 없습니다. 그러므로 인생은 하나님 이야기와 얽혀질 때 비로소 의미 있는 이야기가 됩니다.

언제 예수님을 만났습니까? 예수님을 어떻게 만났습니까? 예수님을 만난 이후 무엇을 위해 살고 있습니까? 앞으로 어떻게 살겠습니까? 우리가 예수님과 함께 죽고, 예수님과 함께 살아간다면, 우리의 이야기는 우리의 이야기로 끝나지 않고, 예수님의 이야기가 될 것입니다.

소망에
눈뜨다

Hope

소망의 하나님이
모든 기쁨과 평강을
믿음 안에서 너희에게
충만하게 하사
성령의 능력으로
소망이 넘치게 하시기를
원하노라

◦ 롬 15:13

Hop

무엇을 소망하고
있습니까?

요즘 살기가 어떻습니까? 앞으로 살기가 더 좋아질 것 같습니까? 기술 문명이 발달했다고 해서 세상이 좋아지는 것은 아닙니다. 과학이 발달했다고 사람들이 아프지 않는 것은 아닙니다. 물론 의학이 발달한 것은 사실입니다. 그런데 의학이 발달해도, 의학으로 해결하지 못하는 것은 여전히 있습니다. 태초에 아담과 하와가 죄를 범한 것으로 인해 온 인류는 저주를 받았습니다. 우리는 저주받은 세상에서 살고 있습니다. 죄로 인해 망가진 세상에서 살고 있습니다. 이 세상을 바라보면, 소망이 전혀 없습니다.

예수님이 육신을 입고 이 세상에 오심으로 하나님의 나라가 이미 시작되었습니다. 그러나 아직 하나님 나라가 완성된 것은 아닙니다. 그러므로 우리는 이미 시작된 하나님 나라와 아직 이루어지지 않은 하나님 나라 사이에 살고 있습니다. '아직'과 '이미' 사이에서 우리 삶은 저주와 고통으로부터 자유롭지 못합니다. 지구촌 곳곳에서 고통의 신음이 터져 나오고 있습니다. 특히 환경오염이 심각합니다. 학자들은 지구의 수명이 얼마 남지 않았다고 경고합니다. 미래는 소망이 없는 것 같습니다.

게다가 청년들의 삶이 녹록하지 않습니다. 취업의 관문을 뚫기가 너무 어렵고, 설사 취업을 해서 결혼까지 골인해도 아기를 낳아 기르는 일이 만만하지 않습니다. 그러니 청년들의 입에선 미래가 보이지 않는다는 탄식이 절로 나옵니다. 청년만 힘든 게 아닙니다. 이모저모로 많은 사람이 고통 가운데 살아가고 있습니다.

이렇듯 세상을 보면 심란하고 고통스럽습니다. 매일 끔찍한 범죄가 뉴스에 오릅니다. 공중의 권세 잡은 자가 다스리는 세상입니다. 이런 세상에서 우리는 과연 무엇을 소망해야 합니까? 우리의 미래는 과연 소망할 만한 겁니까?

신자는 하나님 나라를 목표로 살아가는 사람들입니다. 이 세상에서 잘 먹고 잘사는 것이 우리의 목표가 아닙니다. 언젠가 끝날 이 세상을 우리는 주목하지 않습니다. 우리가 주목하는 것은 하나님 나라이며 하나님 나라가 오는 그날을 기다리며 삽니다. 이것이 신자의 시간관이며 종말 신앙입니다.

무엇을 소망하고 있습니까? 언젠가 없어질 이 세상에 소망을 두고 있습니까? 과연 하나님 나라를 기대하고 기다리고 있습니까? 하나님 나라는 궁극적으로 완성될 것입니다. 지금 우리는 하나님 나라를 향해 가고 있습니다. 그러므로 우리는 하나님 나라를 기대해야 합니다. 하나님 나라를 사모해야 합니다. 그런데 하나님 나라가 언제 임하는지는 아무도 알지 못합니다. 예수님께서 "그러나 그날과 그때는 아무도 모르나니 하늘의 천사들도, 아들도 모르고 오직 아버지만 아시느니라"(마 24:36)고 말씀하셨습니다.

오늘날 교회가 세속화되고 있습니다. 이유가 무엇입니까? 현재에 주목하고 미래를 바라보지 않기 때문입니다. 종말 신앙을 잃어버렸기 때문입니다. 신자라 하는 사람들이 이 땅에서 복받기를 바라는 기복신앙에 물들어 있습니다. 물론 신자라고 해서 현실을 무시해서는 안 됩니다. 현재의 삶에 최선을 다해야 합니다. 그러나 현실 속으로 깊이 들어가서는 안 됩니다. 현재의 삶이 전부인 것처럼 살아선 안 됩니다. 우리는 장차 임할 하나님 나라를 소망하는 사람들입니다. 현재를 충실히 살되 소망은 미래에 두고 살아야 합니다. 이 둘 사이에서 균형을 잘 이루고 살아야 합니다.

지금의 행복에 몰두하면 세속주의에 빠질 수 있습니다. 장차 임할 하나님 나라에 관심이 없으면 이 땅에서 천국을 만들기를 추구합니다. 하지만 이 세상은 사탄이 지배하는 곳입니다. 사탄이 지배하는 세상에 천국을 만든다는 것은 사탄의 지배를 받겠다는 의미와 같습니다.

오늘날 가장 강력한 사탄은 돈입니다. 돈이 없으면 아무것도 할 수 없습니다. 돈은 강한 힘을 가진 신과 같습니다. 돈이 있으면 자신이 원하는 것을 얼마든지 살 수 있습니다. 지구 반대편에 있는 것도 내 것으로 소유할 수 있습니다.

"한 사람이 두 주인을 섬기지 못할 것이니 혹 이를 미워하고 저를 사랑하거나 혹 이를 중히 여기고 저를 경히 여김이라 너희가 하나님과 재물을 겸하여 섬기지 못하느니라" 마 6:24

현실에 몰두하면 하나님 나라를 잃을 수밖에 없습니다. 지금의 행복이 우상이 된 사람은 하나님 나라를 기대하지 않습니다. 한 사람이 두 주인을 섬기지 못하는 까닭입니다.

지금 여기서 짜릿한 경험을 좇는 사람은 하나님 나라가 작게만 보입니다. 세상은 크게 보이고 하나님 나라는 작아 보입니다. 보이는 세상은 잠깐일 뿐입니다.

> "우리가 주목하는 것은 보이는 것이 아니요 보이지 않는 것이니 보이는 것은 잠깐이요 보이지 않는 것은 영원함이라" 고후 4:18

사람이 죄를 지은 뒤 이 세상은 망가졌습니다. 하나님이 지으시고 좋다 하신 세상은 지금 병들었고 흉측해졌습니다. 세상이 좋다 하십니까? 잠깐 있다 스러질 세상에 속고 있는 것입니다. 언뜻 크고 화려해 보이는 세상이 영원할 것처럼 속고 있는 것입니다. 우리 눈에 크고 화려해 보이는 세상은 실제처럼 보이지만 잠깐 있다가 사라지는 것입니다. 기독교 변증가 C. S. 루이스는 이 세상을 가리켜 '그림자 땅'(shadow land)이라고 했습니다. 이 세상이 그림자와 같다는 의미입니다. 이 세상은 실제가 아닙니다. 다가올 하나님의 나라가 실제입니다. C. S. 루이스는 또 "영원하지 않은 것은 영원히 무용지물이다"라고 했습니다. 그러므로 영원한 것과 영원하지 않은 것을 정확하게 구분해야 합니다.

보이지 않는 것을
소망하십시오

신자라도 병든 세상에서 살아가다 보니 고난을 겪게 됩니다. 갈수록 악인이 득세하니 환난이 닥치고 신앙을 지키기가 힘들어집니다. 사탄이 지배하는 세상에 사는 것 자체가 고통입니다. 세상에서 편안하게 살고자 한다면 예수님을 믿을 수 없습니다.

사도 바울은 피조물이 허무한 데 굴복한다고 했습니다(롬 8:20). 인간의 역사를 보아도 허무하기 이를 데 없습니다. 지금도 북한은 핵무기를 생산하고 있습니다. 전쟁의 위협이 끊이지 않습니다. 세계 곳곳에서 천재지변이 일어나고 있습니다. 그런데 신자에게는 고난의 날이 예정되어 있습니다. 마지막 날입니다. 그날에 큰 환난이 닥칠 것입니다.

> "다만 이뿐 아니라 우리가 환난 중에도 즐거워하나니 이는 환난은 인내를, 인내는 연단을, 연단은 소망을 이루는 줄 앎이로다"
>
> 롬 5:3-4

사도 바울은 환난은 인내를, 인내는 연단을, 연단은 소망을 이룬다고 했습니다. 그러므로 환난이 닥쳐도 견뎌 내야 합니다. 마지막 때에는 인내해야 합니다. 인내함으로 믿음을 훈련해야 합니다. 왜 그렇습니까? 소망을 이루기 위해서입니다.

사도 바울은 보이는 소망은 소망이 아니라고 했습니다(롬 8:24). 그러므로 눈에 보이는 것을 소망해서는 안 됩니다. 우리는 새 하늘과 새 땅을 소망해야 합니다.

"또 내가 새 하늘과 새 땅을 보니 처음 하늘과 처음 땅이 없어졌고 바다도 다시 있지 않더라" ○계 21:1

여기서 '새 하늘과 새 땅'은 눈에 보이는 하늘과 땅을 말하는 것이 아닙니다. 우리가 보는 하늘과 땅은 사라질 것입니다. 그리고 하나님이 보시기에 좋았다고 말씀하신, 태초에 창조하신 세계가 복원될 것입니다. 우리도 변화될 것입니다.

"보라 내가 너희에게 비밀을 말하노니 우리가 다 잠 잘 것이 아니요 마지막 나팔에 순식간에 홀연히 다 변화되리니 나팔 소리가 나매 죽은 자들이 썩지 아니할 것으로 다시 살아나고 우리도 변화되리라 이 썩을 것이 반드시 썩지 아니할 것을 입겠고 이 죽을

것이 죽지 아니함을 입으리로다" _{고전 15:51-53}

세상은 썩어질 것에 종노릇합니다. 죽음의 악취가 온 세
상에 진동합니다. 그러나 마지막 날, 하나님의 사람은 홀연
히 변화될 것입니다(고후 3:18). 하나님의 형상으로 변화될 것
입니다. 하나님의 형상으로 변화되어 영광에서 영광에 이를
것입니다.

요즘 암 환자가 많습니다. 환경오염이 심해짐에 따라 앞
으로 더 많아질 것입니다. 예기치 못한 바이러스의 공격으로
전 세계가 고통을 겪고 있습니다. 그러나 앞으로 더 큰 고통
을 겪을 것입니다. 실제로도 사는 동안 눈물 흘리는 때가 얼
마나 많은지 모릅니다.

불의의 사고로 전신마비가 된 박위라는 청년이 투병하면
서 쓴 글이 책으로 출판되었습니다. 그의 책《위라클》에는
어머니가 아들에게 쓴 글이 있습니다.

"위야, 네가 다치고 하루에 다섯 시간을 기도해도 모자랐
어. 사람에게 눈물이 이렇게 많을 수 있을까 생각했지. 큰 항
아리에 가득 채우고도 또 채울 만큼 눈물을 많이 흘렸어. 사
람은 눈물로 만들어졌나 봐."

신자도 고난을 겪습니다. 암에도 걸리고 희귀병도 걸립니

다. 의료사고도 당하고 교통사고도 당합니다. 신앙이 좋다고 고난을 피할 수 있는 것이 아닙니다. 신앙이 좋든 좋지 않든 고난을 겪습니다. 이 땅에서의 삶이 전부라면 인생은 비극입니다.

> "소망의 하나님이 모든 기쁨과 평강을 믿음 안에서 너희에게 충만하게 하사 성령의 능력으로 소망이 넘치게 하시기를 원하노라" 롬 15:13

소망의 하나님께서 우리에게 모든 기쁨과 평강을 주십니다. 믿음 안에서 기쁨과 평강을 충만하게 주십니다. 믿음과 소망은 연결되어 있습니다. 믿음은 소망으로 이어져야 합니다. 믿음이 있어도 소망이 없으면, 믿을 것이 없어집니다. 그러므로 무엇을 소망하느냐가 중요합니다.

사탄이 지배하는 세상에서 믿음을 지키는 일이 쉽지 않습니다. 쉽지 않기 때문에 좌절하고 절망하기도 합니다. 시련의 강도가 거세면 무너지기도 합니다. 그래서 우리에겐 성령의 능력이 필요합니다. 우리 힘으로는 세상에서 겪는 시련을 견디기 어렵습니다.

9장 소망에 눈뜨다

"소망이 우리를 부끄럽게 하지 아니함은 우리에게 주신 성령으로 말미암아 하나님의 사랑이 우리 마음에 부은 바 됨이니" 롬 5:5

하나님의 사랑이 우리 마음에 넘치면, 환난 중에도 즐거워할 수 있습니다. 성령께서 우리에게 어려움을 이길 힘을 주십니다. 그러므로 어려움이 닥칠 때 성령의 힘을 의지해야 합니다. 우리의 소망은 하나님밖에 없습니다. 하나님은 소망의 하나님이십니다. 우리에게 소망을 주시는 하나님께서 우리의 소망을 이루십니다. 환난과 위기와 어려움을 이기는 길은 소망의 하나님을 붙드는 것입니다. 매 순간 소망의 하나님을 바라보는 것입니다.

성경은 하나님의 약속을 알려 줍니다. 또한 그 하나님의 약속은 반드시 이루어진다는 것을 알려 줍니다. 그래서 기독교는 소망의 종교입니다. 우리의 믿음은 소망에 기초합니다.

그리스도인은 소망을 말하는 사람입니다. 절망적인 상황에서도 그리스도인은 소망을 말해야 합니다. 세상은 이루어질 수 없는 막연한 희망을 말합니다. 그 막연한 희망이 고문이 되어 삶을 고통스럽게 합니다. 절망스럽게 합니다. 하지만 그리스도인에게 소망은 예수 그리스도입니다. 우리는 소망이신 하나님을 믿습니다. 소망의 하나님으로 인해 우리는 절망하지 않습니다. 절망스러운 상황에서도 소망을 노래할 수 있습니다.

소망에 눈뜬 우리, 어떻게 살아야 합니까?

하나님은 약속하신 것을 반드시 이루는 신실하신 분입니다. 약속하신 대로 예수님을 보내어 이 세상을 구원하셨습니다. 그리고 부활하신 예수님은 승천하신 모습 그대로 다시 오실 것을 약속하셨습니다. 이 소망을 받은 우리는 어떻게 살아야 합니까?

첫째, 소망 중에 즐거워해야 합니다.

소망에 눈뜬 사람은 즐거워할 수 있습니다. 소망이 있기에 즐거워할 수 있습니다. 성경은 천국을 '새 하늘과 새 땅'으로 표현합니다. 완전한 회복을 의미합니다. 하나님께서는 새로운 세상으로 우리를 인도하실 것입니다. 천국은 진정한 왕이신 하나님께서 다스리시는 나라입니다. 사탄이 개입할 수 없습니다. 악이 개입할 수 없습니다. 천국에서는 진정한 평화, 참된 자유와 기쁨이 영원히 지속됩니다. 그곳에서 우리는 새로운 몸을 입고 하나님과 함께 영원히 살 것입니다. 그래서 우리는 지금 망가지고 깨어지고 병들어도 즐거워할 수 있습니다.

사람들은 이기기 위해 서로 싸웁니다. 치열하게 싸웁니다. 하지만 참된 소망에 눈뜬 우리는 이기기 위해 싸우지 않습니다. 도리어 져 줌으로 이기기를 꾀합니다. 우리가 세상에서 지고 살면, 하나님께서 우리를 이기게 하십니다. 우리가 세상 사람들에게서 빼앗아야 할 것은 없습니다. 세상에서 싸우다 보면, 신앙이 병듭니다. 하나님 나라를 잊습니다. 소중한 것을 잃습니다. 우리는 우리가 소망을 가진 사람인 것을 잊어서는 안 됩니다. 소망 없는 사람처럼 살아서는 안 됩니다.

누가 이깁니까? 소망이 있는 사람이 이깁니다. 우리는 장래의 소망을 위해 현재의 즐거움을 유보하는 사람입니다. 이것이 믿음의 사람들의 모습입니다.

둘째, 환난 중에 참아야 합니다.

우리가 사는 이 땅은 천국이 아닙니다. 그러므로 환난이 있을 수밖에 없습니다. 당연히 있을 환난으로 인해 절망해서는 안 됩니다. 환난 중에도, 시련과 고통 중에도 참아야 합니다. 이를 악물고 참는 것이 아니라, 하나님의 약속을 믿으며 참아야 합니다. 하나님의 약속이 이루어질 것을 믿으며 참고 기다려야 합니다.

참는 게 쉽습니까? 기다리는 게 쉽습니까? 절대 쉽지 않습니다. 그럼에도 환난의 끝이 있음을 알기에 우리는 참을 수 있습니다. 기다릴 수 있습니다. 하나님께서 우리 삶을 환난으로 끝나게 하시지 않을 것입니다. 이 믿음이 있기에 인내할 수 있습니다. 하나님께서 우리가 인내하며 기다릴 수 있도록 힘을 주실 것입니다. 참는 이가 하나님 나라를 유업으로 받습니다.

셋째, 기도에 항상 힘써야 합니다.

그냥 참아서는 안 됩니다. 막연히 기다려서는 안 됩니다. 기도에 힘쓰며 참고 기다려야 합니다. 기도하는 가운데 이길 힘을 얻습니다. 기도하는 가운데 마지막 날에 대한 소망을 분명하게 가집니다. 소망을 가진 사람, 소망을 포기하지 않는 사람이 쉬지 않고 기도할 수 있습니다. 어려움 가운데 있을 때 기도의 자리를 고수하십시오. 하나님께서 우리를 도우실 것입니다. 하나님께서 위로하실 것입니다. 그리고 평안한 때 기도하기를 힘쓰십시오. 평안한 때 기도하는 것은 훈련이 필요합니다.

세상에는 우리를 유혹하는 것이 참으로 많습니다. 그럴수록 세상을 사랑해서는 안 됩니다. 세상을 주목하면 하나님과의 거리가 멀어집니다. 만약 이 세상에서의 삶이 전부라면, 우리는 소망이 없습니다.

> "이 세상이나 세상에 있는 것들을 사랑하지 말라 누구든지 세상을 사랑하면 아버지의 사랑이 그 안에 있지 아니하니 이는 세상에 있는 모든 것이 육신의 정욕과 안목의 정욕과 이생의 자랑이니 다 아버지께로부터 온 것이 아니요 세상으로부터 온 것이라 이 세상도, 그 정욕도 지나가되 오직 하나님의 뜻을 행하는 자는 영원히 거하느니라" 요일 2:15-17

하늘의 소망을 가진 사람은 이 땅의 것에 마음을 빼앗기지 않습니다. 하나님의 백성에게는 부활의 소망이 있습니다. 영생의 소망이 있습니다. 천국의 소망이 있습니다. 우리는 장래의 소망을 믿습니다. 하나님 아버지를 친히 뵈옵는 그날이 반드시 올 것을 믿습니다.

환난으로 인해 고통스럽습니까? 우리 인생은 환난으로 끝나지 않습니다. 하나님께서는 끝에서 시작하십니다. 하나님께서 우리 인생의 결론을 내리실 것입니다.

"우리가 알거니와 하나님을 사랑하는 자 곧 그의 뜻대로 부르심을 입은 자들에게는 모든 것이 합력하여 선을 이루느니라" 롬 8:28

우리의 소망은 하늘에 있습니다. 소망에 눈을 뜬 사람은 이 땅에서 일어나는 일로 인해 절망하지 않습니다. 하나님께서 우리를 승리하게 하실 줄 믿기 때문입니다. 우리는 천국을 확보한 사람입니다. 본향을 향해 가는 우리를 절망하게 할 것은 없습니다. 그러므로 기뻐하고 즐거워하시기 바랍니다. 하나님 나라를 기대하시기 바랍니다.

"내 평생에 선하심과 인자하심이 반드시 나를 따르리니 내가 여호와의 집에 영원히 살리로다" 시 23:6

참된 소망에 눈뜬 우리는

이기기 위해 싸우기보다

져 줘야 합니다.

그러면 하나님이

우리를 이기게 하십니다.

소망이
이긴다

Hope

너희는 그를
죽은 자 가운데서 살리시고
영광을 주신 하나님을
그리스도로 말미암아
믿는 자니
너희 믿음과 소망이
하나님께 있게 하셨느니라

◦ 벧전 1:21

Hope

삶에 어려움이 닥쳤습니까? 삶에 어려움이 있는 것은 당연합니다. 전혀 이상한 일이 아닙니다. 그럼에도 우리는 고난을 겪으면 불평과 원망을 늘어놓습니다. 믿는 자는 하나님께 불평합니다. 어떻게 믿는 자에게 이런 고난을 겪게 하느냐고, 하나님이 살아 계신 게 맞느냐고 따집니다. 믿음으로 산 선지자도 고난이 닥치자 이런 의문을 가졌습니다. 현실이 이해되지 않기 때문입니다. 하나님의 약속과 현실이 충돌하는 것처럼 보였기 때문입니다. 어려움을 겪으면, 질문이 많아집니다. 회의에 빠집니다. 의문에 휩싸입니다.

때때로 믿음과 현실은 충돌합니다. 믿음과 현실이 반대되는 경우가 많습니다. 그래서 많은 사람이 믿음과 현실 사이의 괴리를 경험합니다. 신실하게 믿음 생활을 하는 사람일수록 이 괴리를 크게 경험합니다. 신앙생활을 적당히 하는 사람은 대충 현실과 타협하기 때문에 크게 갈등을 겪지 않습니다. 그래서 믿음과 현실의 괴리가 큰 사람일수록 질문이 많습니다.

'죽은 소망'이 아니라
'산 소망'을 붙드십시오

세상은 희망을 말합니다. 그런데 이 희망에는 근거가 부족합니다. 자기 자신에게서 시작된 것이므로 불안한 희망입니다. 그리스도인은 '소망'을 말합니다. 희망과 소망은 다릅니다. 소망은 하나님께 근거가 있습니다. 하나님으로부터 나온 것입니다. 소망은 하나님의 약속에 근거합니다. 하나님의 약속은 하나님의 성품에 근거합니다. 그러므로 소망은 반드시 이루어집니다. 소망은 신자를 현실 속에 매몰되지 않게 합니다. 소망은 장래에 대한 것입니다. 사도 베드로는 베드로전서 1장 3절에서 "우리 주 예수 그리스도의 아버지 하나님을 찬송하리로다 그의 많으신 긍휼대로 예수 그리스도를 죽은 자 가운데서 부활하게 하심으로 말미암아 우리를 거듭나게 하사 산 소망이 있게 하시며"라고 했습니다.

그리스도인이 살아가는 삶의 근거는 소망에 있습니다. 사도 베드로는 '산 소망'이라고 했습니다. 죽은 소망이 많기 때문입니다. 사도 베드로는 신앙생활을 대충하는 사람들에게 편지를 쓴 것이 아닙니다. 예수님을 믿는 것으로 인해 상당한 고난을 대가로 지불한 그리스도인들에게 편지를 쓴 것입니다. 신실한 그리스도인들이 '산 소망' 중에 마음을 다잡기를 바라며 편지를 쓴 것입니다.

우리는 나그네와 같습니다. 나그네는 순례자입니다. 나그네는 최종 목적지를 확인해야 합니다. 여행하다 보면 멋진 곳에 이를 때가 있습니다. 그렇다고 그곳에 머물러서는 안 됩니다. 나그네는 머물러서는 안 됩니다. 목적지를 향해 계속 나아가야 합니다. 사도 베드로는 나그네와 같은 우리의 종착지는 예수 그리스도의 재림이라고 했습니다.

"너희 믿음의 확실함은 불로 연단하여도 없어질 금보다 더 귀하여 예수 그리스도께서 나타나실 때에 칭찬과 영광과 존귀를 얻게 할 것이니라" 벧전 1:7

성경은 철저히 종말론적입니다. 목적지가 정해진 신자는 이 세상을 나그네로 살아갑니다. 인정하든 인정하지 않든 우리는 끝을 향해 가고 있습니다. 그런데 끝이 언제인지는 알수 없습니다. 내일일 수도 있습니다. 한 달 후가 끝일 수도 있습니다. 우리는 시간의 끝을 붙잡고 살아야 합니다. 삶이 복잡하고 힘들고 어지러워도, 종말론적 관점을 가지고 살아가면, 삶이 선명해집니다. 모든 것이 정리됩니다. 마지막이 오면 하나님께서 모든 것을 말끔하게 정리하십니다. 모든 것은 하나님의 손에 달려 있습니다.

"그러므로 너희 마음의 허리를 동이고 근신하여 예수 그리스도께서 나타나실 때에 너희에게 가져다주실 은혜를 온전히 바랄지어다" 벧전 1:13

종말은 누구에게나 닥칩니다. 그러므로 마지막을 어떻게 준비할 것인가가 매우 중요합니다. 사도 베드로는 "너희 마음의 허리를 동이고 근신하라"고 했습니다. 이는 행동하기 위해 마음을 미리 준비하라는 의미입니다. 종착지를 향해 가는 그리스도인의 삶에서 가장 중요한 것은 마음을 다스리는 것입니다.

현실에 매몰되면
소망을 놓치기 쉽습니다

마음을 다스리려면 깨어 있어야 합니다. 왜 깨어 있어야 합니까? 그리스도께서 우리에게 주실 은혜를 소망하기 때문입니다. 우리는 마지막 날을 기대하며 사는 나그네입니다. 나그네가 깨어서 종말을 준비하지 않으면 방향을 놓칠 수 있습니다. 혼란에 빠질 수 있습니다. 이스라엘 백성은 광야를 지나는 동안 끊임없이 원망하고 불평했습니다. 왜 그랬습니까? 광야 생활이 힘들었기 때문입니다. 하지만 그보다 더 큰 이유는 이스라엘 백성이 방향을 놓쳤기 때문입니다. 목적지를 놓쳤기 때문입니다. 미래에 대한 기대감이 없으므로 마음이 부서졌습니다. 믿는 자는 마지막 날을 기대하고 준비하는 마음을 가지고 살아야 합니다.

"근신하라 깨어라 너희 대적 마귀가 우는 사자같이 두루 다니며 삼킬 자를 찾나니" 벧전 5:8

마음의 허리를 동인다, 근신한다는 것은 영적으로 긴장하는 것을 의미합니다. 현실의 삶에서 긴장감을 늦추어서는 안 됩니다. 마음이 해이해져서는 안 됩니다. 어떻게 해야 깨어 있을 수 있습니까?

깨어 있으려면 현실에 매몰되지 말아야 합니다. 소망하는 것을 놓치지 말아야 합니다. 장래의 일을 소망한다면, 부서지고 무너지고 망가진 현실 속에서도 마음을 다치지 않습니다. 사탄이 노리는 것이 무엇입니까? 사탄은 우리가 상황에 끌려 다니며 정신 못차리기를 원합니다.

코로나19가 전 세계를 위협하고 있습니다. 일상을 바꾸어 놓을 만큼 위력이 대단합니다. 그러나 이런 상황에서도 우리 삶의 방향과 목적은 달라지지 않습니다. 코로나19는 우리를 바꿀 수 없습니다. 코로나19보다 더한 것이 온다 해도 우리가 가야 할 길은 정해져 있습니다. 우리가 바라봐야 할 목표는 분명합니다. 세상이 어려울수록 우리가 가야 할 길은 더욱 명확해집니다.

코로나19로 인해 삶이 혼란스러워지는 것이 아니라 더 명료해져야 합니다. 우리가 살아가는 이 세상이 전부가 아님을 분명히 깨달아야 합니다. 이 세상은 우리가 영원히 머물 곳이 아닙니다. 우리의 소망은 이 땅에 있지 않습니다. 우리의 소망은 하늘에 있습니다. 사탄은 영적으로 깨어 있지 않는 성도를 노립니다. 그러므로 신자는 영적 긴장감을 가지고 살아야 합니다.

우리는 적당히 살고 싶은 유혹을 경계해야 합니다. 영적으로 느슨해질 수 있습니다. 고난을 모르는 듯이 편하고 안락하게 살아가는 사람들을 보면 하나님이 숨어 계시는 것 같습니다. 천국이 멀게 느껴집니다. 근신하고 깨어 있으라는 성경 말씀이 마음에 닿지 않습니다. 세상이 너무 매혹적으로 보여 마음을 빼앗겨 버립니다. 믿음이 견고하지 않으면 현실과 하나님 나라 사이에서 저울질을 하게 됩니다.

"믿음과 착한 양심을 가지라 어떤 이들은 이 양심을 버렸고 그 믿음에 관하여는 파선하였느니라 그 가운데 후메내오와 알렉산더가 있으니 내가 사탄에게 내준 것은 그들로 훈계를 받아 신성을 모독하지 못하게 하려 함이라" 딤전 1:19-20

"데마는 이 세상을 사랑하여 나를 버리고 데살로니가로 갔고 그레스게는 갈라디아로, 디도는 달마디아로 갔고" 딤후 4:10

어려움이 닥칠 때 양심을 버리고 믿음이 파선된 사람이 성경에 많이 등장합니다. 후메내오와 알렉산더, 데마가 그런 사람입니다. 영적으로 경계가 느슨해진 까닭입니다. 믿음

10장 소망이 이긴다

을 지키는 일이 그만큼 쉽지 않습니다. 데마는 한때 바울을 도운 사람입니다. 하지만 핍박을 견디지 못하고 편안한 삶을 선택했습니다. 세상은 우리가 믿음을 놓아 버릴 때까지 가만 두지 않습니다. 영적으로 무장하지 않으면 세상에 지고 맙니다. 그러므로 마음을 단단히 먹어야 합니다. 깨어 있어야 합니다. 긴장감을 가지고 살아야 합니다. 한순간도 마음을 놓아서는 안 됩니다. 나그네는 마음이 흔들려서는 안 됩니다.

본질에 집중하고
거룩을 추구하십시오

믿음은 미래의 문제입니다. 하나님께서 약속하신 것을 소망하며 믿음으로 살기로 결단하는 것이 믿음입니다. 이 믿음을 지키기 위해선 우리의 마음을 지키고 다가올 미래를 준비해야 합니다. 깨어 있는 사람은 소망을 바라봅니다. 방향과 목적을 놓치지 않습니다. 수많은 핍박과 유혹이 있어도, 우리는 자신을 지켜야 합니다. 우리의 마음을 지켜야 합니다.

"오직 너희를 부르신 거룩한 이처럼 너희도 모든 행실에 거룩한 자가 되라 기록되었으되 내가 거룩하니 너희도 거룩할지어다 하셨느니라 외모로 보시지 않고 각 사람의 행위대로 심판하시는 이를 너희가 아버지라 부른즉 너희가 나그네로 있을 때를 두려움으로 지내라" ○ 벧전 1:15-17

종말을 믿는 사람은 마음대로 살 수 없습니다. 거룩하게 살기를 힘씁니다. 왜 그렇습니까?

첫째는 하나님이 거룩하시기 때문입니다. 둘째는 하나님께서 우리의 행위대로 심판하시기 때문입니다. 셋째는 하나님께서 그리스도의 보배로운 피로 우리를 거룩하게 하셨기 때문입니다. 그리스도의 재림을 기다리는 사람은 모든 유혹으로부터 자신을 지키고 거룩하게 살아야 합니다. 거룩은 하나님의 성품 중 핵심입니다. 하나님께서는 거룩에 관심이 많습니다. 거룩을 위한 하나님의 열심은 자신의 아들을 십자가에 못 박히게 하신 것으로 나타났습니다.

거룩을 포기한 나그네에게 종말은 끔찍한 것입니다. 종말을 의식하는 사람은 우리의 행위에 따라 심판하실 것을 기대합니다. 종말 의식을 가진 사람은 거룩하게 살 수밖에 없습니다. 하나님께서 "내가 거룩하니 너희도 거룩할지어

10장 소망이 이긴다

다"(레 11:45)라고 말씀하셨습니다. 이 말씀을 따라 우리는 거룩하게 살아야 합니다.

> "너희가 알거니와 너희 조상이 물려준 헛된 행실에서 대속함을 받은 것은 은이나 금같이 없어질 것으로 된 것이 아니요" 벧전 1:18

조상이 물려준 헛된 행실이 있습니다. 거짓된 행실, 뿌리 깊은 악습을 버려야 합니다. 이스라엘 백성은 광야에서 불편함을 느낄 때마다 애굽으로 돌아가려고 했습니다. 그런데 과연 그때가 좋았을까요? 그들은 과거의 끔찍함을 잊었습니다. 단지 현실을 부정하기 위해 그들은 과거를 끌어왔습니다. 원망하고 불평하는 사람들은 과거를 지향합니다. 이스라엘 백성의 눈에는 젖과 꿀이 흐르는 땅이 아직 보이지 않습니다. 그리고 현실은 힘듭니다. 그래서 이스라엘 백성들은 과거로 돌아가려고 했습니다.

> "너희가 순종하는 자식처럼 전에 알지 못할 때에 따르던 너희 사욕을 본받지 말고" 벧전 1:14

여기서 사욕은 욕심을 의미합니다. 악한 것을 갈망하고

감각적인 것을 추구하는 것이 사욕입니다. 탐욕은 우리를 피곤하게 합니다. 욕망은 추구할수록 만족할 수 없습니다. 그것을 알면서도 계속해서 욕망합니다. 사람들이 왜 실망합니까? 잘못된 것을 욕망했기 때문입니다. 많은 것을 기대하면 실망합니다. 욕망이 클수록 절망이 큽니다. 욕망을 줄여야 합니다. 사욕을 버려야 합니다. 사욕을 좇지 말아야 합니다. 무시해야 할 것을 붙들고 살면 거룩에서 멀어집니다. 우리 안에 있는 사욕은 곰팡이와 같습니다. 금방 퍼져 버립니다.

하나님께서는 우리에게 거룩을 추구하라고 말씀하십니다. 우리가 붙잡고 있는 것을 내려놓으라고 말씀하십니다. 가치 있는 것과 가치 없는 것을 분별하라고 하십니다. 붙들어야 할 것과 놓아야 할 것을 분별하라 하십니다. 우리 안에 있는 사욕, 허세, 허영은 가치 없는 것이며 놓아야 할 것들입니다. 본질적인 것에 집중해야 합니다. 방향을 놓치면, 목적지를 잃어버리면 사욕의 지배를 받습니다. 이 사욕에 끌려다니다 거룩을 잃어버립니다.

아직도 세상에 미련이 많습니까? 세상에 기대하는 것이 있습니까? 부질없습니다. 예수님을 믿지 않았을 때 붙들었던 것들을 여전히 붙들고 있지 않습니까? 미련 없이 버려야 합니다.

"외모로 보시지 않고 각 사람의 행위대로 심판하시는 이를 너희가 아버지라 부른즉 너희가 나그네로 있을 때를 두려움으로 지내라" 벧전 1:17

나그네로 있을 때는 두려움이 있어야 합니다. 각 사람의 행위대로 심판하시는 이 앞에 서야 하기 때문입니다.

"너희는 그를 죽은 자 가운데서 살리시고 영광을 주신 하나님을 그리스도로 말미암아 믿는 자니 너희 믿음과 소망이 하나님께 있게 하셨느니라" 벧전 1:21

인생의 종국은 우리 손에 달려 있지 않습니다. 하나님께 달려 있습니다. 베드로의 삶이 그러했습니다. 그는 많이 넘어지고 깨어졌습니다. 베드로는 눈에 보이는 것이 전부라고 생각한 현실주의자였습니다. 그러나 그는 실패했습니다. 그런 베드로를 예수님은 찾아와 다시 세워 주셨습니다.

베드로전서 1장 13절은, "그러므로 너희 마음의 허리를 동이고 근신하여 예수 그리스도께서 나타나실 때에 너희에게 가져다주실 은혜를 온전히 바랄지어다"라고 말씀합니다. 그 날은 다가오고 있습니다. 캄캄한 밤이 지나면 새벽이 오듯이 그날은 다가올 것입니다. 기다리다가 지칠 수 있습니다. 지루하게 느낄 수 있습니다. 하지만 마침내 아침은 올 것입니다. 태양이 떠오를 것입니다. 예수님께서 오실 것입니다. 이 종말을 의식하며 살아야 합니다.

신자는 하나님께서 장래에 우리에게 가져다주실 은혜를 온전히 바라야 합니다. 신자는 인생의 결말이 하나님의 손에 있다는 것을 확신하고, 주어진 모든 일에 최선을 다하며, 거룩을 지켜야 합니다. 소망한다는 것은 현실의 어려움을 부정하기 위해 거짓으로 위안하는 것이 아닙니다. 확실한 믿음 위에서 하나님을 기대하는 삶의 확고한 태도가 바로 소망입니다.

그리스도인은 미래를 생각하면 흥분이 됩니다. 미래는 하나님의 손에 있기 때문입니다. 결론을 쥐고 계시는 하나님을 전적으로 신뢰하는 사람에게 미래가 있습니다. 하지만 완성된 미래와 현실 사이에는 거리가 있습니다. 그래서 믿음이 필요합니다. 믿음은 하나님을 신뢰하므로 인내하고 기다리는 것입니다. 믿음이 있으면 인내할 수 있습니다. 그렇기에 믿음은 소망을 더욱 선명하게 합니다. 인내하는 사람은 자신이 결론을 내리지 않습니다. 결론은 하나님 손에 있다는 것을 알기 때문입니다.

10장 소망이 이긴다

믿음을 지키기가 더 힘들어질 것입니다. 쉽고 편안하게 사는 세상 사람들이 부러워질 만큼 고통스러울 수 있습니다. 이때 우리가 할 일은 깨어 인내하며 기다리는 것입니다. 편안한 삶을 좇아 나그네 길을 이탈하지 않고 그 길을 따라 흔들림 없이 걷는 것입니다.

다니엘이 그랬습니다. 바울과 베드로, 예수님의 제자들이 그랬습니다. 신자의 인내는 단순히 참는 것이 아닙니다. 인내는 믿음의 적극적 행위입니다. "너희는 그를 죽은 자 가운데서 살리시고 영광을 주신 하나님을 그리스도로 말미암아 믿는 자니 너희 믿음과 소망이 하나님께 있게 하셨느니라"(벧전 1:21) 한 이 말씀을 붙드는 것이 믿음입니다. "다만 이뿐 아니라 우리가 환난 중에도 즐거워하나니 이는 환난은 인내를, 인내는 연단을, 연단은 소망을 이루는 줄 앎이로다"(롬 5:3-4) 한 말씀을 따라 기뻐하고 즐거워하며 인내하고 기다려야 합니다.

신자의 미래는 막연하지 않습니다. 인내가 소망을 이룹니다. 성령께서 우리가 인내하며 기다리도록 도와주십니다. 성령께서 소망을 잃지 않도록 우리의 믿음을 강하게 하십니다.

세상은 거대한 폭풍 속과 같습니다. 세상에는 소망할 것이 없습니다. 세상에는 답이 없습니다. 오직 복음이 답입니다. 예수 그리스도만이 유일한 소망이십니다. 우리의 소망은 하나님 안에 있습니다.

종말론적 신앙을 가지고 산 소망을 가진 자로서 소망을 굳게 붙잡고 거룩함을 입으십시오. 우리의 마음과 행실을 새롭게 하십시오. 하나님을 만나는 날 부끄럽지 않은 그리스도의 신부로 설 것입니다. 현실에 매몰되어 원망하거나 불평하지 마시기 바랍니다. 혹시 불평과 원망이 터져 나온다면 길을 잃었음을, 목적지를 놓쳤음을 알고 돌이키십시오. 환난 중에도 기뻐하며 인내하시기 바랍니다. 그리하여 믿음의 경주에서 승리하시기 바랍니다.